W0222876

Petra Schünemann

Kleine Leute – große Fragen

Mit Kindern den Glauben leben

francke

Sofern nicht anders angegeben,
werden die Bibelstellen nach der Übersetzung
„Hoffnung für alle" zitiert.

Bibliografische Information
Der Deutschen Nationalbibliothek
Die Deutsche Nationalbibliothek verzeichnet diese Publikation in der Deutschen Nationalbibliografie; detaillierte bibliografische Daten sind im Internet über http://dnb.ddb.de abrufbar.

ISBN 978-3-86827-638-1

35037 Marburg an der Lahn

Umschlaggestaltung:
Verlag der Francke-Buchhandlung GmbH / Sven Gerhardt

Satz:
Verlag der Francke-Buchhandlung GmbH

Printed in Czech Republic

www.francke-buch.de

Fotos Innenteil:

© www.fotolia.com:
Africa Studio (S. 25); WS-Design (S. 41); ulkas (S. 45); Rido (S. 49); drubig-photo (S. 52, 179, 217); Syda Productions (S. 72); Monkey Business (S. 74); photophonie (S. 78); famveldman (S. 80); juanrvelasco (S. 83); annedroogsma3 (S. 95); chas53 (S. 97); Daniel Jedzura (S. 102); ChristArt (S. 104, 109, 169); Ana Blazic Pavlovic (S. 106); Joerg Sabel (S. 111); racamani (S. 120); Kzenon (S. 128); goodluz (S. 152); sdenness (S. 162); WavebreakMediaMicro (S. 165); gustavofrazao (S. 172); kstudija (S. 174); Sven Krautwald (S. 182); Brian Jackson (S. 186); mariusz szcygiel (S. 192); Kara (S. 222); Marco2811 (S. 229)

© iStockphoto.com:
Rinelle (S. 5); B-C-Design (S. 10); tovfla (S. 12); madisonwi (S. 14); SerrNovik (S. 19); bowdenimages (S. 20); malerapaso (S. 30); ipopba (S. 33); doble-d (S. 36); ChristinLola (S. 39); monkeybusinessimages (S. 62); gpointstudio (S. 67); FamFeld (S. 86, 91); egal (S. 88); alexsl (S. 98); PeopleImages (S. 113, 160); evgenyatamanenko (S. 115); YazolinoGirl (S. 116); FrankDeMeyer (S. 119); ArtisticCaptures (S. 127); primeimages (S. 133); shironosov (S. 135); waldru (S. 137); PinkForest (S. 138); VpMocha (S. 142); Ridofranz (S. 147); FatCamera (S. 149); JLBarranco (S. 150); aaron007 (S. 194); CasarsaGuru (S. 198); Copit (S. 201); MKucova (S. 203); mediaphotos (S. 204); JasonDoiy (S. 210); skynesher (S. 212); travismanley (S. 214); Murika (S. 219)

Inhaltsverzeichnis

DIE AUTORIN

Petra Schünemann ist Erzieherin und Gemeindediakonin und lebt mit ihrem Mann und den vier Töchtern in Marburg. Sie gehört mit ihrer Familie zum Christus-Treff Marburg und ist dort seit vielen Jahren in der Arbeit mit Kindern engagiert.

Vorwort

„Wo ist der Opa jetzt? Kann er uns sehen?“ So die Fragen unserer fünfjährigen Tochter am Abend der Beerdigung meines Vaters. Nachdem alle Leute gegangen sind, gehen wir noch einmal als Familie zum Friedhof. Ich nehme sie bei der Hand und versuche Antwort zu geben, merke aber schnell, dass das gar nicht so einfach ist. Wir reden über den Himmel, davon, dass Jesus schon da ist und für uns „Wohnungen“ vorbereitet hat. Gleichzeitig kann er bei uns sein, uns trösten, wenn wir jetzt traurig sind. Und ganz bestimmt kümmert er sich auch um den Opa, hat seine letzten Stunden gesehen und ist bei ihm gewesen. Ein tröstlicher Gedanke nicht nur für eine Kinderseele, auch ich als Erwachsene finde darin Trost und Zuversicht.

An diesem kleinen Gespräch merken wir, dass Kinderfragen zum Leben (und in diesem Fall zum Sterben) oft auch die Fragen von uns Erwachsenen sind: Wie ist das mit dem Ende des Lebens? Hat mein Leben Sinn gemacht? Habe ich meinen Platz in der Welt ausgefüllt? Gibt es etwas, das größer und höher ist als ich selbst? Gibt es eine jenseitige Welt?

Vielleicht geht es um die „Grundfragen des Lebens", die sich in jedem Leben früher oder später einstellen:

!

Wo komme ich her?
Wo gehe ich hin?
Warum bin ich da?

Kinder stellen diese Fragen, weil sie die Welt und ihren Platz darin verstehen wollen – besonders in Situationen, die die Begrenzungen des Lebens aufzeigen. Solche Fragen zum Leben und Glauben unterscheiden sich zu anderen Fragen der Kinder. Damit meine ich Fragen wie: „Kann man zur Sonne fliegen?" – „Warum ist die Banane krumm?" – „Warum fliegt ein Flugzeug?" Manches wissen wir und können es erklären, zu mancher Frage müssen wir uns vielleicht selbst informieren und in der entsprechenden Literatur nachschauen.

Bei Fragen zu Gott, dem Glauben, der Welt, dem Leben und Sterben ist das nicht so einfach. Da geht es um weltanschauliche, manchmal philosophische Bereiche, die sehr von unserer eigenen Prägung und unserer Sicht von der Welt abhängig sind. Ein buddhistischer Mönch wird diese Fragen anders beantworten als ein gläubiger Moslem und ein jüdischer Gelehrter anders als ein Mitglied eines afrikanischen Stammes mit einer Naturreligion.

In diesem Buch geht es um die Antworten, die der christliche Glaube aufzeigt, die Bibel ist dabei die Grundlage. Der Glaube an den Gott der Bibel gibt Antworten auf Fragen, auch wenn manches Detail verborgen bleibt und nicht jede Frage letztlich eine Antwort finden wird. Dennoch – Gott hat sich in Jesus offenbart. Er ist das Wort, das Mensch geworden ist. An Jesus sehen wir, wie Gott ist: „Wer mich gesehen hat, der hat auch den Vater gesehen." (Johannes 14,9)

In der Bibel wird Jesus als der „Sohn Gottes" bezeichnet. Wenn wir das glauben und ernst nehmen, können wir vieles vom Wesen Gottes in der Person von Jesus sehen. In der Bibel lesen wir von Gott als dem Schöpfer, Geber und Erhalter des Lebens. Er zeigt auf, wie das Leben des Einzelnen und das einer Gemeinschaft gelingen kann.

Kinder fragen uns – und wir, egal ob als Eltern, Großeltern, Paten oder Kindermitarbeiter, sind gefordert, uns diesen Fragen zu stellen. Das heißt nicht, dass wir auf alles eine Antwort parat haben müssen.

Wir sollten Kinder mit ihren Fragen ernst nehmen und ihnen zuhören.

Dabei ist klar, dass wir Glaube nicht anerziehen oder gar produzieren können. Ebenso selbstverständlich sollte sein, dass wir Kinder nicht manipulieren wollen. Ob ein Mensch Christ wird oder nicht, bleibt allein ein Geschenk Gottes und Ausdruck seiner Gnade und seines Erbarmens. Wir können aber als Eltern oder Kindermitarbeiter einen Rahmen schaffen, in dem Kinder ein Leben mit Gott als positives Lebenskonzept wahrnehmen. Einen Rahmen, in dem sie die Möglichkeit haben, Gott als Freund und Versorger zu erleben. Zu erleben, dass es sich lohnt, Vertrauen in Gott zu setzen, dass sie durch das Gebet mit ihm verbunden sein können. Und dass dieser Glaube durch alle Facetten des Lebens hindurchträgt. Dazu brauchen sie Menschen als Vorbilder und Begleiter auf dem Weg. Nicht um alles fraglos zu übernehmen, sondern um durch persönliches Erleben der Gegenwart Gottes einen eigenständigen und später reifen Glauben zu erlangen. Einen Glauben, der trägt und Fragen aushält – im Leben und im Sterben. Dabei ist mir wichtig, dass Kinder nicht nur „Richtigkeiten“ über den Glauben aufsagen können, sondern dass sie Gott erleben können und erfahren, dass dieser Glaube real mit ihrem Leben zu tun hat.

Wie reden wir also mit Kindern über Glauben? Wie reagieren wir richtig auf ihre Fragen? Wie beeinflussen wir mit unseren Worten den Glauben unserer Kinder und was sollten wir vielleicht besser bleiben lassen?

Dieses Buch soll Ideen und Anregungen geben, wie „Glauben leben“ und im Gespräch über Gott zu sein praktisch im Alltag mit Kindern aussehen kann. Es bietet Impulse, wie christliche Feste und Traditionen gestaltet werden können und wie sie biblische Zusammenhänge und theologische Fragestellungen kindgerecht erklären können. Der vorliegende Text ist für Eltern, Kindermitarbeiter, Paten, Großeltern, Erzieher ... für alle gedacht, die mit Kindern in irgendeiner Weise unterwegs sind.

Dabei will ich versuchen, den groben Rahmen aufzuzeigen, denn natürlich ist jede Familie und jede Kindergottesdienstgruppe unterschiedlich und unterliegt ganz eigenen Regeln und Prägungen. Ich wünsche mir, dass der eine oder andere Impuls Ihr Familienleben bereichert und Sie neu motiviert, gemeinsam mit Kindern den Weg der Nachfolge zu gehen. Dabei ist mir wichtig, dass wir uns selbst als Lernende verstehen, nicht als die, die alles wissen. Seien Sie mit den Kindern auf dem Weg, lernen Sie auch von ihnen und staunen Sie, was es auf dem gemeinsamen Weg alles zu entdecken gibt!

Vom Alter geht es dabei um Kinder zwischen 0 und 10 Jahren. Ab dem Teenageralter stellen sich andere Herausforderungen und Fragen, die ich in diesem Buch nicht berücksichtige.

!

Es ist ein spannender und lohnender Weg, gemeinsam mit Kindern der Größe und Gegenwart Gottes auf der Spur zu sein.

Ohne meine Kinder wäre ich um manche Erfahrung ärmer und hätte manche Frage vielleicht niemals bedacht. Dieser gemeinsame Weg hat mich in vielem aber auch barmherziger mit mir selbst und anderen werden lassen. Die meisten Eltern wollen für ihr Kind das Beste. Und dennoch machen wir Fehler und erleben Grenzen und Schwächen. Gott kann diese Schwächen umwandeln, Verletzungen heilen und sogar Fruchtbares und Gutes daraus entstehen lassen.

Gott möge uns segnen auf diesem Weg und lasse uns als Erwachsene und Kinder zum Segen füreinander werden!

Petra Schünemann, im September 2016

Teil 1
Grundlegendes

1 | Gottes Auftrag in der Bibel

Es ist keine Idee unserer Zeit, mit Kindern über den Glauben zu reden. Im Folgenden möchte ich kurz die biblischen Grundlagen aufzeigen. Gott selbst gibt den Auftrag an sein Volk, Verantwortung für die kommenden Generationen zu übernehmen. So heißt es in 5. Mose 6,4-7:

> *Hört, ihr Israeliten! Der Herr ist unser Gott, der Herr allein. Ihr sollt ihn von ganzem Herzen lieben, mit ganzer Hingabe, mit all eurer Kraft. Bewahrt die Worte im Herzen, die ich euch heute sage! Prägt sie euren Kindern ein! Redet immer und überall davon, ob ihr zu Hause oder unterwegs seid, ob ihr euch schlafen legt oder aufsteht.*

Und in Psalm 78,3-4:

> *Was wir gehört und erfahren haben, was schon unsere Väter uns erzählten, das wollen wir auch unseren Kindern nicht verschweigen. Jede Generation soll von den mächtigen Taten Gottes hören, von allen Wundern, die er vollbracht hat.*

Gott gibt hier seinem Volk zwei Aufträge: Erstens soll das Volk Gott lieben von ganzem Herzen (mit ganzer Hingabe und mit aller Kraft). Zweitens gibt Gott den Auftrag für die kommenden Generationen: Die Nachfahren sollen hören von Gottes Ruhm und seiner Macht und seinen Wundern. Dies meint in 5. Mose 6 in erster Linie die Erfahrung des Volkes Israel: Gott hatte sie befreit aus der Knechtschaft der Ägypter. Hierfür entwickelte das Volk bestimmte Rituale, die an die nächste Generation weitergegeben werden sollten.

> Die ältere Generation ist beauftragt, von Gott zu reden, und die Nachkommen sollen sich das Wissen und die Erfahrungen über und mit Gott einprägen.

Kinder erlebten früh die Rituale und Feste und waren auf natürliche Weise mit hineingenommen in das religiöse Leben. Der Glaube war keine private, persönliche Angelegenheit wie das heute vielleicht eher der Fall ist. Glaube wurde im Familienverband gelebt, ganz selbstverständlich wurde von Gott erzählt und berichtet.

DEN GLAUBEN IN DER FAMILIE LEBEN – BEISPIEL JUDENTUM

In den traditionellen jüdischen Festen werden die Kinder bis heute ganz selbstverständlich mit hineingenommen. So darf bspw. beim „Seder-Abend“, dem Höhepunkt des siebentägigen Passahfestes, der jüngste Sohn Fragen stellen: z. B. Warum wird das Fest gefeiert? Was ist an diesem Fest so besonders? Der Vater erzählt dann die Geschichte von der Befreiung des Volkes aus der ägyptischen Knechtschaft. Dabei werden ungesäuerte Brote gegessen (als Erinnerung daran, dass die Juden bei ihrer

schnellen Flucht aus Ägypten keine Zeit hatten, den Sauerteig zuzubereiten, und es ungesäuert essen mussten). Zu den ungesäuerten Broten gibt es bittere Kräuter als Erinnerung daran, dass die Juden „bittere" Arbeit in Ägypten leisten mussten. Der Vater sitzt auf einem Sessel, der mit vielen Kissen wie ein Thron aussieht. Die Familie ist um ihn versammelt und an diesem Abend wird die Geschichte des Volkes Israel erzählt, es wird aber auch gesungen und gelacht. Ich habe gelesen, dass es zum Schluss ein Versteckspiel für die Kinder gibt: Der Vater lässt ein Stück des ungesäuerten Brotes verschwinden und die Kinder müssen es suchen. Das Kind, das diesen „Afikoman" findet, bekommt ein Geschenk.

Ein weiteres fröhliches Fest für die ganze jüdische Familie ist das Purimfest. Es erinnert an die Errettung des Volkes Israel aus einer tödlichen Bedrohung. Der mächtige persische Minister namens Haman wollte die Juden vernichten. Durch das Los war der Vernichtungstag schon festgelegt, doch wurde der Perser-König durch die jüdische Königin Esther umgestimmt und so konnte die Ausrottung des Volkes verhindert werden. Beim Purimfest finden bis heute ausgelassene Festumzüge statt. Viele Menschen, besonders die Kinder, verkleiden sich und führen die Haman-Geschichte als Theaterstück auf. Im Gottesdienst dürfen die Kinder Süßigkeiten und Rasseln mitnehmen und immer, wenn während der Bibellesung der Name Haman fällt, machen sie mit ihren Rasseln kräftig Lärm.

Bis heute beten gläubige Juden das Glaubensbekenntnis aus 5. Mose 6 zweimal täglich: „Höre, Israel, der Herr ist unser Gott, der Herr allein. Und du sollst den Herrn, deinen Gott, liebhaben von ganzem Herzen, von ganzer Seele und mit all deiner Kraft." (zitiert nach Luther 1984)

Dadurch wird deutlich, dass es sich um keinen Glauben handelt, der nur mit dem Verstand zu fassen ist. Im jüdischen Denken gibt es keine Trennung von Kopf und Herz. Der Glaube an Gott umfasst das ganze Leben, den ganzen Menschen.

Alle, egal ob Groß oder Klein, sind mit hineingenommen in die Geschichte Gottes mit seinem Volk.

!

GLAUBEN WIE EIN KIND

Im Neuen Testament gibt Jesus oder geben die Apostel keine direkte Wiederholung dieses Auftrags für die nächste Generation, dennoch wird uns berichtet, welchen besonderen Stellenwert Jesus den Kindern gibt. In der sogenannten „Kindersegnung" (Markus 10,13-16) wendet sich Jesus in dreifacher Weise den Kindern zu:

Er nimmt die Kinder in seine Arme. Er legt ihnen die Hände auf. Er segnet sie.

Die Jünger wollten die Kinder von Jesus fernhalten. Doch Jesus sagt:

„Lasst die Kinder zu mir kommen und haltet sie nicht zurück, denn für Menschen wie sie ist Gottes neue Welt bestimmt." (Markus 10,14)

!

Jesus stellt Kinder an späterer Stelle sogar als Vorbild für die Erwachsenen dar (nachzulesen in Matthäus 18,1-5): „So sollt ihr glauben – wie ein Kind."

Für mich bedeutet dieses „Glauben wie ein Kind", volles Vertrauen in Gott und seine Wege zu haben. Es bedeutet, bei erfahrenem Schmerz zu Gott zu kommen, seinen Trost zu erleben, in seiner Gegenwart einfach „sein" zu dürfen – ohne Leistung und Vorbedingung. Auch wenn ich vielleicht erschrecke, welche Abgründe sich in meinem Herzen auftun können, tröstet das Wissen, dass Gott das aushalten kann und dass er dennoch die Treue hält. Ebenso wie Eltern ihre Kinder und ihr manchmal herausforderndes Verhalten aushalten müssen und dennoch in Liebe zu ihnen stehen.

Bedingungsloses Vertrauen in Gottes Wege und seine Führung zu haben, das ist das, was Jesus wohl meint mit dem „Werden wie ein Kind".

Das beinhaltet auch das Staunen über Gott und seine Welt und seine Größe und Macht, die alles umfasst. Oft haben wir das Staunen als Erwachsene verlernt. Neu wieder staunen zu können, gehört zu dem, was wir von Kindern lernen und abgucken können.

Mich hat es oft berührt, wenn meine Kinder über den Käfer auf dem Weg, die Vielfalt der Blumen oder einfach nur darüber gestaunt haben, „dass Gott wirklich ALLES gemacht hat". Mein Blick ist oft von anderem verstellt. Da ist es gut, dass Kinder uns manchmal auf das Wesentliche hinweisen. Viele Probleme relativieren sich doch schnell bei einem Blick in den Sternenhimmel und dem Bewusstsein, dass Gott als Schöpfer der Welt sich auch um mein Leben kümmert.

Manchmal gebraucht Gott ein Kind, um zu uns zu reden. Da erinnere ich mich an eine Situation im letzten Sommer:

Ich selbst fühlte mich nicht gut. Es gab einen Konflikt, den ich angehen musste, und ich ahnte, dass es keine leichten Gespräche werden würden. Nun kam die Anfrage, ob ich als Mutter die Wanderung im Kindergarten begleiten könne. Ich sagte zu, war aber, ehrlich gesagt, innerlich nicht bei der Sache.

Nun stapften wir durch den Wald, der Himmel war bedeckt und grau, rechts und links zwei kleine Mädchen an meiner Hand. Eines der beiden geht sonntags regelmäßig mit ihren Eltern in unsere Gemeinde. Da hörte ich ihr Summen: „So groß ist der Herr!" Erst war ich irritiert, dann musste ich schmunzeln: *Ah, Gott redet gerade mit mir!* Dieses Summen war wahrscheinlich für mich gedacht ... So groß ist der Herr. Ein Gedanke durchzuckte mich: *Gott ist viel größer als mein Problem, er weiß, was mich beschäftigt, und gibt mir im Moment die Ermutigung, die ich gebraucht habe.* Natürlich war das Problem damit nicht gelöst, aber Gott hatte meinen Blick darauf verändert und dazu ein Kind mit einem Lied gebraucht.

GEMEINSAM GLAUBEN

Kinder und Erwachsene sind gemeinsam auf dem Weg der Nachfolge.

D. h. auch, dass es für Kinder gut ist zu erleben, dass es über den Erwachsenen noch eine Instanz gibt, denen diese sich unterordnen. Auch die Erwachsenen machen Fehler und haben Schwächen, die sie genauso vor Gott bringen und dort Vergebung erfahren können. Mit meinen Kindern erlebe ich es als besondere Momente unserer Beziehung, wenn ich mich bei ihnen für einen Fehler entschuldige. So lernen sie früh, was Vergebung bedeutet und dass auch Eltern nicht allmächtig sind und die, die alles richtig machen.

Zusammengefasst kann man sagen, dass Gott in der Bibel einen klaren Auftrag für die nächste Generation gegeben hat und dass Jesus die Kinder in besonderer Weise wertgeschätzt und den Erwachsenen als Vorbild gegeben hat. Dieser Auftrag Gottes ist sicherlich eine große Herausforderung, gibt aber auch Mut zum Gespräch mit Kindern über den Glauben. Zugleich macht er deutlich, dass Erziehung nicht im luftleeren Raum passiert. Neben den äußeren und den genetisch festgelegten Bedingungen haben wir als Eltern und Kindermitarbeiter immer die Chance, Kinder zu prägen und sie mit in Gottes Wirklichkeit hineinzunehmen.

!

Der Blick in die Bibel ist auch deshalb wichtig, weil wir eine Grundlage brauchen, auf der wir mit Kindern über Gott reden.

Im Alten Testament wird Gott als der Schöpfer aller Dinge beschrieben. Er gibt Regeln für das Zusammenleben von Menschen, er beruft einzelne Menschen, um seine Botschaft in die Welt zu bringen. Er erzieht und ermahnt, er ermutigt und korrigiert, er straft und zeigt sich gnädig. Alle diese Facetten von Gott finden wir in den Texten der Bibel. Im Neuen Testament geht es vor allem um Jesus und die ersten christlichen Gemeinden. Jesus stellt sich selbst vor: „Wer mich gesehen hat, der hat auch den Vater gesehen.“ (Johannes 14,9) Durch Jesus bekommt Gott sozusagen „ein Gesicht“. Wenn wir Kindern also von Gott erzählen, dann können wir davon reden, dass Gott sich sichtbar und erfahrbar gemacht hat. An Jesus können wir uns abgucken, wie das Miteinander gelingen kann, was Barmherzigkeit bedeutet und dass er ein starker Freund an unserer Seite sein will. Er hat sich um die Menschen am Rande gekümmert: die Aussätzigen, die Kranken, die Armen und Einsamen.

Die Bibel steckt nicht in erster Linie voller dogmatischer Grundsätze oder theoretischer Lehren, sondern in ihr werden vor allem Geschichten erzählt. Kinder lieben Geschichten und bekommen über Erzählen oder Vorlesen ganz leicht den Zugang zu den biblischen Inhalten und dem Wesen Gottes.

An späterer Stelle wird es darum gehen, wann welche Geschichten der Bibel für welches Alter geeignet sind und welche besser erst später erzählt werden sollten.

Albert Biesinger schreibt:

Biblische Geschichten sind Heilsgeschichten, Unheilsgeschichten und Rettungsgeschichten. ... Diese Geschichten entwickeln eine ganz eigene Dynamik in der Wahrnehmung, in den Fantasien und in der Verarbeitung der Kinder. Die biblischen Geschichten machen etwas mit den Kindern und die Kinder machen etwas mit ihnen. Eltern müssen dabei nicht notwendigerweise der Filter sein. Es ist wichtig, Kinder mit biblischen Geschichten vertraut zu machen und ihnen damit die Chance zu eröffnen, inneren Kontakt mit der Bibel aufzunehmen.[1]

Um mit Kindern über den Glauben zu reden, muss ich als Erwachsener kein absoluter „Experte" in Sachen Bibel sein.

Viele Eltern sind dadurch vielleicht abgeschreckt und lassen das Reden über Gott gleich lieber ganz sein. Ich denke, das ist eine falsche Zurückhaltung, denn auch als Mutter oder Vater muss ich nicht alles bis ins letzte Detail wissen. Ich kann mich gemeinsam mit meinem Kind informieren. Inzwischen gibt es dazu gutes Material (siehe die Literaturtipps in Teil 4).

Neben dem „äußeren" Sammeln von Informationen dürfen wir bei der Beschäftigung mit Gottes Wort immer damit rechnen, dass Gott seinen Geist gibt. Durch ihn kann er uns manches erschließen und wir können beten, dass sein Wort uns verständlich wird.

Manchmal kann es hilfreich sein, im Gespräch mit Kindern die Frage zurückzugeben: „Was denkst du dir dazu? Wie siehst du das? Was, denkst du, meint Jesus damit, wenn er das so sagt?"

!

1 Albert Biesinger, *Kinder nicht um Gott betrügen*, S. 133. Verlag Herder, Freiburg, 2012.

Und natürlich ist zu erwähnen, dass manche Fragen ohne Antworten bleiben werden. Manche Dinge bleiben im Dunkeln und werden sich uns nicht oder nicht sofort erschließen. Da gilt es, ehrlich im Gespräch mit Kindern zu sein: „Das weiß ich auch nicht. Das verstehe ich auch nicht. Wir müssen es aushalten, es nicht zu wissen."

Kinder können mit einer ehrlichen Antwort oft besser umgehen als mit dem Gefühl, dass der Erwachsene ihre Fragen mit oberflächlichen Antworten abtut. Vielleicht ist der Gedanke selbstverständlich, aber wir sollten unbedingt immer bei der Wahrheit bleiben, auch biblische Geschichten nicht „glatt bügeln" oder etwas Erdachtes hinzufügen (was nicht bedeutet, dass man nicht auch bestimmte Dinge weglassen oder erst in späterem Alter erzählen sollte). Spätestens wenn Kinder älter werden und selbst nachforschen und nachlesen, werden sie den „Schummel" bemerken und enttäuscht sein.

2 | Kinder in der heutigen Gesellschaft

Dieser beschriebene biblische Auftrag ist zeitlos aktuell und stellt in der heutigen Gesellschaft eine große Herausforderung dar.

> Erwachsene und Kinder, gläubig oder nicht gläubig, sind immer „Kinder ihrer Zeit".

Kinder zu erziehen und ins Leben zu begleiten ist in einer Zeit wie der heutigen anders als zu der Zeit, als wir Eltern selbst noch Kinder waren. Noch größer ist der Unterschied zu den Zeiten des Alten und Neuen Testamentes.

Wir stehen vor ganz anderen Herausforderungen, was unseren Alltag betrifft. Gerade in den letzten Jahrzehnten hat sich der Begriff „Familie“ rasant gewandelt. War in den 60er-Jahren in Deutschland damit noch Vater-Mutter-Kind gemeint, so ist heute alles „Familie“, wo Menschen, in welcher Lebensform auch immer, miteinander leben. Ohne diese Feststellung zu bewerten, müssen wir uns dieser Veränderungen bewusst sein, wenn wir über Kinder, ihre Lebenswirklichkeit und über das Gespräch mit ihnen nachdenken. Mit der traditionellen Großfamilie wie noch zu Beginn des 20. Jahrhunderts geht jedoch leider auch viel Allgemeinwissen über Erziehung, auch über religiöse Erziehung, verloren. Was vielerorts vielleicht noch üblich war, z. B. das Tischgebet oder der Gottesdienstbesuch, spielt heute immer weniger eine Rolle.

An vielen Stellen war diese Veränderung sicherlich eine sinnvolle Befreiung von festen, starren Strukturen, die oft mit einer autoritären Erziehung einhergingen. Andererseits hinterlässt der Wegfall dieser Strukturen eine Lücke, die wir heutzutage, so scheint es mir, nicht oder nur schwer füllen können.

Thomas Weißenborn bemerkt dazu:

Während die Übermittlung des einen Teils der biblischen Botschaft, die den Bereich der Regeln, der Gebote und der Moral betrifft, meistens noch recht gut funktioniert, liegt bei der Frage nach den Inhalten, nach den grundlegenden Glaubenssätzen, vielerorts einiges im Argen. So zeigen nicht nur Untersuchungen, sondern auch unser alltäglicher Umgang mit Kindern und Jugendlichen, dass in Deutschland eine der unchristlichsten Generationen der letzten Jahrhunderte heranwächst. Unchristlich nicht, weil sie sich moralisch falsch verhielte, sondern deshalb, weil sie von den grundlegenden Wahrheiten des Glaubens einfach keine Ahnung mehr hat.[2]

Immer häufiger wissen Kinder und Jugendliche wenig über den christlichen Glauben und die Bedeutung der christlichen Feste und Traditionen.

Da sind wir als Eltern, Großeltern, Paten und Kindermitarbeiter gefordert. Dabei sollte es uns nicht nur um reine Wissensvermittlung gehen, sondern um (vor)gelebten Glauben. Es sollte auch nicht nur darum gehen, Traditionen und Rituale zu kennen und zu übernehmen (wobei die Kenntnis darüber natürlich wünschenswert ist), sondern diese auch mit Leben zu füllen und festzustellen, dass dies mit dem eigenen Leben, den Bedürfnissen und Sehnsüchten zu tun hat. Und natürlich ist der christliche Glaube eine wichtige Grundlage unserer Kultur. Auch wenn es immer weniger Bedeutung zu haben scheint, leben wir doch im „christlichen Abendland". Die Zehn Gebote sind Grundlage unserer Rechtsordnung und großartige Gemälde und gute Literatur sind oft ohne Kenntnis der Bibel gar nicht zu verstehen.

---

2 Thomas Weißenborn, *Sag mal, was du glaubst*, S. 8. Verlag der Francke-Buchhandlung, Marburg/Lahn, 2006.

DIE WICHTIGSTE ERFAHRUNG: VON GOTT GELIEBT

Die heutige Gesellschaft ist sehr an Leistung orientiert. Schon viele Kleinkinder haben mit verschiedenen Aktivitäten einen vollen Terminkalender. Junge Eltern erleben sich oft als unsicher, was und wie viel sie aus der Fülle der Angebote für ihr Kind auswählen sollen. Verständlicherweise will niemand etwas falsch machen oder verpassen, deshalb steht die frühkindliche Förderung hoch im Kurs. Eltern müssen aus dem Überangebot der Möglichkeiten auswählen. Längst haben die Märkte das Kind als Konsument entdeckt und suggerieren, dass gute Entwicklung ohne ihre Produkte kaum möglich sei. Da brauchen wir Eltern einen realistischen Blick und müssen uns fragen, was etwas nutzt und was nur zu mehr Stress führt.

Zu diesem Trend kann der christliche Glaube einen Gegenpol setzen:

!

Wir sollten unsere Kinder nicht um die lebenswichtige Erfahrung bringen, dass sie von Gott geliebt und umfassend getragen werden, dass sie eine Aufgabe haben für diese Welt und dass dadurch ihr Leben Sinn gewinnt.

Der Glaube an Gott schafft die Basis für alle Lebensbereiche: Ich bin geliebt und angenommen, unabhängig von dem, was ich leiste. Wenn Kinder schon früh mit diesem „Polster" an Zuwendung und Fürsorge ins Leben geleitet werden, können sie spätere Unwägbarkeiten besser bewältigen.

WAS PRÄGT UNSERE KINDER?

Wir als die heutige Elterngeneration können nur bruchstückhaft auf das zurückgreifen, was wir selbst erlebt haben. Vieles müssen wir reflektieren und für die heutige Zeit neu bewerten. Das gilt in großem Maße für den Umgang mit den neuen Medien. Sind wir noch aufgewachsen mit Schwarz-Weiß-Fernsehen und drei Programmen (wenn überhaupt) oder mit dem Telefon mit Wählscheibe, ist die heutige Generation der Kinder umgeben von einer medialen Welt. Längst haben Computer und Smartphones die Kinderzimmer erreicht. Fast jedes Kindergartenkind kann ein Handy bedienen und weiß, wo sich der Einschaltknopf des Flachbildschirms befindet. So ist jede Familie gefordert, Regeln für den Umgang mit den modernen Medien zu finden, sie sinnvoll zu nutzen, aber auch die nötigen Grenzen zu setzen. Ich kann dieses Thema hier nur kurz anreißen[3], aber wir müssen im Blick haben, womit die Kinder heutzutage umgehen müssen, wenn wir mit ihnen im Kindergottesdienst oder in der Jungschar zu tun haben. Was macht ihren Alltag aus? Wovon werden sie außerhalb der Gemeinde geprägt? Welchen Herausforderungen muss sich eine Familie heute stellen? Gerade im Umgang mit den digitalen Medien sind wir gefordert, diese sinnvoll und kreativ mit Kindern zu nutzen – jedoch immer im Bewusstsein, dass diese niemals das echte Gespräch und die reale Begegnung ersetzen können. Wenn wir über Gespräche mit Kindern und das Gestalten von geistlichem Leben mit ihnen nachdenken, muss uns bewusst sein, dass diese äußeren Einflüsse an ihnen zerren. Die gesellschaftlichen Beobachtungen stellen uns als Gemeinde vor neue Herausforderungen. Reihen wir uns ein in die Fülle der Angebote? Wo unterscheiden wir uns? Welchem Trend folgen auch wir, bewusst oder unbewusst? Schaffen wir Raum für echte Begegnung und bauen wir Beziehungen zu Kindern?

3 Ausführlicher dazu in: Gary Chapman & Arlene Pellicane, *Kinderzimmer 2.0 – Erziehung im digitalen Zeitalter*, Verlag der Francke-Buchhandlung, Marburg/Lahn, 2016.

Der katholische Religionspädagoge Albert Biesinger schreibt:

Der Aufruf „Kinder nicht um Gott betrügen" will Entlastung und Oase sein, er will sagen, dass wir trotz aller leistungsorientierten Anforderungen unsere Kinder dennoch um die wichtigsten Erlebnisse und Erfahrungen bringen können: nämlich von Gott geliebt und, von ihm umfasst, tief getragen zu sein, eine Aufgabe zu haben für diese Welt ... Ein großes Ziel liebevoller, religiöser Erziehung liegt darin, seinem Kind sagen zu können: Wir wollen dich stark machen, damit du einfühlsam und rücksichtsvoll durchs Leben gehen kannst, damit du aber auch selbstbewusst wirst und nicht jedem Rattenfänger nachläufst.[4]

4 Biesinger, S. 20f.

Für Eltern bedeutet dies also nicht noch mehr Forderungen nach dem Motto: Was soll ich denn noch alles machen und leisten?

!

Vielleicht ist die Frage hilfreich, was das Ziel einer christlichen Erziehung sein soll: Welchen Weg wünsche ich mir für mein Kind? Welche Werte will ich ihm mitgeben? Was ist mir, was ist uns als Familie wichtig? Was für ein Mensch soll mein Kind sein, wenn es Mitte dreißig ist?

Es kann sehr hilfreich sein, sich diese Fragen zu stellen. Oft sind wir gefangen im Alltag, gerade dann, wenn die Kinder noch klein sind, und vergessen diese große Sicht auf unser Kind. Sicherlich haben wir es nicht vollkommen „in der Hand“, welchen Weg unser Kind einmal einschlägt: ob es ein rücksichtsvoller Mensch wird, ob es einen Beruf findet, der ihm Freude macht, ob es fähig ist, eine Partnerschaft und ein intaktes Familienleben aufzubauen. Vieles wünschen wir uns als Eltern und können es letztlich nicht „machen“. Wir können aber unser Elternsein ernst nehmen und die Kinder prägen, mit den Werten und dem Lebenskonzept, das wir selbst als gut und richtig erkannt haben. Wir können Vorbilder sein und ihnen Anteil geben an unseren Vorstellungen, wie wir aus christlicher Warte Dinge betrachten und bewerten. Gerade mit älteren Kindern ist es gut, mit ihnen im Gespräch zu sein, warum wir bestimmte Fragen des Lebens für uns so und nicht anders gelöst haben, warum wir uns so und nicht anders verhalten.

Kinder wollen und brauchen Orientierung und da sind wir als Eltern und Menschen, die mit Kindern unterwegs sind, mit einem transparenten Lebensstil gefordert.

Einen dieser Werte beschreibt Albert Biesinger oben: Wir sollten unsere Kinder stärken, damit sie einfühlsam und rücksichtsvoll durchs Leben gehen. Und ich würde ergänzen, dass sie eine gute Adresse kennenlernen, nämlich einen Gott, der sich für sie interessiert und der sie durchs Leben leiten kann.

WANDEL DER GESELLSCHAFT – WANDEL DER GEMEINDEN

Meiner Beobachtung nach erleben wir einen Wandel in der Art und Weise, wie wir mit Kindern, vor allem den Kleinsten, umgehen und leben. Hatten wir bspw. in unserer Gemeinde vor 15 Jahren noch an vier Vormittagen gut gefüllte Angebote für Eltern und Kinder, so gibt es zur Zeit mangels Teilnehmern vormittags keine Krabbelgruppen mehr. Der Trend, dass Kinder schon vor dem dritten Lebensjahr in einer Krippe oder bei Tageseltern sind, ist auch in den christlichen Gemeinden angekommen. Der verständliche Wunsch nach Berufstätigkeit beider Eltern hat dazu geführt, dass wir immer mehr den Alltag mit Kleinkindern „auslagern". Wenn wir also über das Gespräch mit Kindern nachdenken, dann müssen wir festhalten, dass immer weniger Raum zur Verfügung steht. Wir sprechen dann zwar von „Qualitätszeit", müssen uns aber auch realistisch fragen lassen, wie viel Kraft Kinder und Eltern nach einem langen Tag in Kita und Beruf noch haben. Durch die neuen Medien müssen viele Berufstätige auch nach Dienstschluss digital erreichbar sein und auch der Wunsch nach eigener Freizeit oder gemeinsamen Aktivitäten mit Freunden oder dem Ehepartner möchte befriedigt sein.

> !
> Gemeinsames Leben mit Kindern braucht Zeit und manchmal auch Muße.

Ich will das Bild der Mutter oder des Vaters, die/der sich aufopfernd ausschließlich um die Familie kümmert, nicht glorifizieren. Aber wir müssen uns auch hinterfragen lassen, ob und wie wir in die Falle tappen, dass alles miteinander vereinbar sein muss. Elternsein bedeutet manchmal Verzicht, manchmal auf die berufliche Karriere, manchmal auf mehr Selbstbestimmung oder manchmal auch auf größere finanzielle Möglichkeiten. Ich bin skeptisch gegenüber dem Gedanken, dass alles miteinander möglich sei. Häufiger erlebe ich Eltern (vor allem Mütter), die sich hin- und hergerissen fühlen zwischen den Anforderungen von Beruf und Familie. Oft schildern diese Eltern ein schales Gefühl, eigentlich nichts richtig machen zu können.

Persönlich möchte ich die Kleinkinderjahre mit meinen Kindern nicht missen. Manches Gespräch über große und kleine Dinge des Lebens ergab sich oft aus Situationen des langsamen Miteinanders im gemeinsamen Alltag. Für die heutige Elterngeneration ist es sicherlich spannend und herausfordernd, solche Momente aufzuspüren und Raum dafür zu schaffen. Ich selbst fand es oft entlastend, dass meine Kinder nicht schon in jungen Jahren „funktionieren“ mussten. Der Kindergarten war eine gute Ergänzung zur Familie und nicht der Ersatz. Jetzt sind meine größeren Kinder Teenager und ich sehe, welchen Anforderungen sie ausgesetzt sind. In vielen Bereichen müssen sie „funktionieren“ und ihren vollen Alltag managen: die Ansprüche und Herausforderungen an den weiterführenden Schulen, der Sportverein, Musikunterricht, gleichaltrige Freunde. Da sind wir als Eltern dankbar für alle Lücken, in denen Gespräch und Begegnung überhaupt möglich ist.

Natürlich muss jede Familie, jede Mutter und jeder Vater schauen, welches Konzept von Familie zu ihnen passt. Ich möchte mir nicht anmaßen, die verschiedenen Lebenswirklichkeiten zu werten oder gar gegeneinander auszuspielen. Dennoch stellt sich die Frage, warum manche Mütter, die sich als „Vollzeitmutter" engagieren, den Eindruck haben, dass ihre „Arbeit" weniger wert ist und dass sie sich für ihr Konzept von Familie rechtfertigen müssen. Nicht selten haben mich Leute gefragt, wann ich denn wieder „arbeiten" würde. Das war sicherlich nicht böse gemeint oder im Sinne von „Du bist faul!" Dennoch konnte ich diese Frage nicht immer mit einem Lächeln wegstecken. Eigentlich war ich zufrieden mit meinem Leben und war dankbar, dass wir als Familie keinen wirtschaftlichen Druck hatten und ohne ein zweites Gehalt über die Runden kommen konnten. Aber da schien es doch eine Wertigkeit zwischen den verschiedenen Lebenskonzepten zu geben und es brauchte manchmal eine gehörige Portion Selbstbewusstsein, zum eigenen Konzept zu stehen.

Andererseits weiß ich von anderen Müttern, die wieder teil- oder vollzeitlich in den Beruf eingestiegen sind, dass ihnen unterschwellig ein „Rabenmutter"-Gen unterstellt wurde. Auch diese Situation erforderte viel Kraft und Mut, zu der eigenen Entscheidung zu stehen. Ich hatte schon häufiger das Gefühl, dass wir Mütter es eigentlich nie richtig machen können – je nachdem, wen wir nach seiner Meinung fragen!

„ALLES HAT SEINE ZEIT ..."

Jetzt, wo ich wieder Teilzeit in meinen Beruf eingestiegen bin, denke ich oft an die Worte aus dem alttestamentlichen Buch des Predigers (Kapitel 3). Dort beschreibt Salomo sehr eindrücklich, dass alles im Leben seine „Zeit" haben darf. So hatte das „Zu-Hause-Sein" seine Zeit und jetzt ist eben eine andere Phase des Lebens dran. Vielleicht brauchen wir auch da die große Sicht Gottes, dass nicht immer alles gleichzeitig miteinander gehen muss und dass eine Zeit, die wir in Menschen investieren – egal ob in Kinder oder in älter werdende Eltern – immer eine lohnende Zeit sein kann. Etwas, das uns selbst auf eine bestimmte Weise prägt und verändert und unserem Leben Reife und Tiefe geben kann. Und wir sollten uns bewusst machen, dass in anderen Familien vielleicht gerade eine andere Zeit an der Reihe ist – und nicht vorschnell den Stab über andere Mütter und Väter brechen.

Mich stimmen Umfrageergebnisse

nachdenklich, nach denen ein großer Anteil Eltern ihre Entscheidung für Kinder bereuen[5]. Bei der Umfrage wurden 1228 Eltern befragt (insgesamt befragte Personen: 2045). 20 % von ihnen würden sich, wenn sie die Wahl hätten, nicht noch mal für ein oder mehrere Kinder entscheiden. Begründet wurde dies mit unzureichenden Betreuungsangeboten und mit der Einschränkung der persönlichen Entfaltungsmöglichkeiten.

Mich erschrecken diese Zahlen, denn sie zeigen, dass es offensichtlich in unserer Gesellschaft nicht gelingt, ein weitgehend positives Klima für Familien zu schaffen. Da gibt es sicherlich Handlungsbedarf vonseiten der Politik, wie Familien besser unterstützt und gefördert werden können. Ist das Ergebnis dieser Umfrage aber vielleicht auch ein Zeichen unserer Zeit? Vielleicht hat es die heutige Elterngeneration nicht mehr eingeübt, für eine größere Sache „Opfer“ zu bringen?

Kinder zu haben, bedeutet (auch) Verzicht.

Es ist naiv zu glauben, dass das Leben mit Kindern keine Veränderungen bringt. Vielleicht mangelt es an Vorbildern, die ehrlich und transparent Elternschaft vorleben und von ihren Freuden und Schwierigkeiten berichten. Vielleicht müssen wir aber auch neu lernen, was „einander dienen“ heißt, wie es die Bibel beschreibt? Dabei geht es nicht um die völlige Selbstaufgabe, sondern „dienen“ meint, die Bedürfnisse des anderen zu sehen und nicht nur um sich selbst zu kreisen. Wenn man den Trendforschern Glauben schenkt, ist das unpopulär, denn es geht häufig eher um die Frage, was *mir* eine Sache bringt und was *ich* davon habe. Das kann bei dem Erziehen von Kindern nicht die erste Frage sein, da Erziehung mit jahrelanger Beziehung und Verantwortung zu tun hat. Da gibt es meist keine schnellen Ergebnisse. Die Frage, was denn „Erfolg“ meint, ist in diesem Fall auch schwierig zu beantworten.

5 Studie *Regretting Parenthood*, Marktforschungsinstitut YouGov, vom Juni 2016. Abruf 05.12.2016: https://yougov.de/landing/regretting-parenthood

In meinen Augen brauchen wir wieder neu einen Fokus auf die wertvollen Zeiten mit unseren Kindern und Mut zum Prägen und Erziehen.

Durch die veränderte Lebenswelt von Kindern und Teenagern ist auch an manchen Stellen in der Gemeinde eine Veränderung in der Art und der Häufigkeit von Angeboten nötig. Vielleicht müssen Angebote und Veranstaltungen angepasst werden? Vielleicht muss die Krabbelgruppe am Nachmittag stattfinden? Vielleicht müssen wir mehr projektbezogen denken, weil viele Kinder keine regelmäßigen Termine mehr unterkriegen? Sind unsere Gottesdienste so, dass Eltern und Kinder darin vorkommen und sich wohlfühlen? Wie schaffen wir als Kirchen und Gemeinden ein positives Klima für Kinder und Eltern? Wo dürfen Eltern von ihrem Scheitern und ihren Mühen berichten?

Wenn alle diese Fragen in einer Gemeinde gestellt werden dürfen, ist es möglich, Eltern in ihrem Erziehungsauftrag zu unterstützen. Es ist vielleicht ein banaler Gedanke, aber aus den heutigen Kindern werden die Erwachsenen von morgen – die Menschen also, die zukünftig Verantwortung für die Gemeinden und für die Gesellschaft insgesamt tragen.

Heute wird der Grundstein gelegt, ob unsere Kinder als Erwachsene rücksichtsvoll und mit Respekt vor anderen durchs Leben gehen, ob sie auf ein Fundament des Glaubens aufbauen können und ob sie mit Gemeinde etwas Positives verbinden.

!

Insgesamt sollten wir als Gemeinde „werben“: Es ist etwas Großartiges, Kinder ins Leben zu begleiten, mit ihnen unterwegs zu sein, viel Spaß zu haben, auch miteinander und aneinander zu leiden, um dann ein Leben mit Tiefe und Reife zu gewinnen. Ich wünsche es mir, dass wir als Christen, Kirchen und Gemeinden einen Gegenpol setzen und ein positives Bild vom Kinderhaben vermitteln; dass wir aber auch konkrete Unterstützung anbieten, wo Familien es schwer haben.

3 | Die eigene Herkunftsfamilie prägt mein Gottesbild

Wenn ich über das Gespräch mit Kindern über den Glauben nachdenke, spielt es eine große Rolle, wie meine eigene Prägung, meine eigenen Erfahrungen mit diesem Thema in meiner Herkunftsfamilie sind. Dazu sind folgende Fragen hilfreich:

- *Welche Personen in meiner Kindheit und Jugendzeit haben nachhaltigen religiösen Eindruck auf mich gemacht?*
- *Welches waren die entsprechenden Situationen, an die ich mich erinnern kann?*
- *Wie ist mein Glaube entstanden und was möchte ich meinen Kindern von meinem Glauben weitergeben – was nicht?*
- *Was ist der wichtigste Punkt meines Glaubens?*
- *Bei welchen religiösen Themen bin ich besonders unsicher?*
- *Über welche Themen rede ich am liebsten mit Kindern?*[6]

6 Nach Biesinger, S. 53.

Dabei ist es wichtig, dass wir die eigene Herkunftsfamilie nicht als „Schicksal" betrachten. Wir haben uns unsere Herkunftsfamilie nicht aussuchen können (ebenso haben sich unsere Kinder uns nicht aussuchen können), aber ich habe als Erwachsener immer die Möglichkeit, mich zur eigenen Prägung zu stellen. Ich kann meine Erfahrungen reflektieren, ich kann mich aktiv verhalten und kann zu bedrückenden und erfreulichen Erlebnissen Stellung nehmen.

Ich selbst komme aus einer nichtchristlich geprägten Familie. Zu den kirchlichen Feiertagen wie Weihnachten und Ostern gingen wir zur Kirche, aber im normalen Alltag spielte der Glaube keine Rolle. Es gab kein Gebet und bis zu meiner Konfirmation hatten wir keine Bibel im Haus – zumindest keine, die ich als Kind oder dann Jugendliche in irgendeiner Weise wahrgenommen hätte. Im Konfirmandenunterricht war ich sehr interessiert und aufmerksam, hatte aber immer den Eindruck, Gott sei fern und habe mit meinem Alltag nichts zu tun. So hatte ich es bisher wahrgenommen: Gott war Thema bei den christlichen Feiertagen, bei Hochzeiten oder bei einer Beerdigung. Im Alltag bei Schulschwierigkeiten, bei Streit oder in Freundschaften kam Gott nicht vor.

Durch eine christliche Jugendchorarbeit bekam ich zum ersten Mal Kontakt mit Menschen, die glaubwürdig und transparent ihren Glauben an Gott lebten. Ich kann mich noch gut an die innere Unruhe erinnern, die mich befiel, als ich das erste Mal in einer Gebetsgemeinschaft hörte, wie jemand ganz ungezwungen und sehr natürlich mit Gott sprach. Bisher kannte ich Gebete nur als ausformulierte Texte, weit weg von dem, was mich in Wirklichkeit beschäftigte. Nun sprach jemand direkt neben mir mit Gott wie mit einem Freund in normaler Sprache – durfte man das überhaupt? Es war fremd und doch hatte ich stark den Eindruck: Gott meint auch mich und wartet auf mein Gespräch mit ihm. So konnte ich durch diese Menschen erste Schritte im Glauben machen und immer mehr in die Beziehung zu Gott und Jesus hineinwachsen.

WIE KÖNNEN WIR ALS FAMILIE UNSEREN GLAUBEN LEBEN?

Da mein Mann zum Teil eine ähnliche Prägung erlebt hat, waren wir nun als junge Eltern gefordert, uns zu überlegen, wie wir mit unseren Kindern Glauben leben wollten.

- *Welche Rituale wollen wir einführen?*
- *Was ist uns wichtig, was vielleicht weniger?*
- *Wie gestalten wir die kirchlichen Feiertage?*
- *Wie und wann beten wir mit unseren Kindern?*
- *Welches Gottesbild wollen wir vermitteln?*

Gerade die letzte Frage nach dem Gottesbild ist sehr von unserem Hintergrund und unseren Erfahrungen geprägt. Vielleicht haben Sie Mühe mit der Formulierung „Gott als Vater", wenn Sie selbst eine eher schwierige Vater-Kind-Beziehung erlebt haben. Vielleicht war Ihr Vater aus Kindersicht nie da oder zwar anwesend, aber nicht greifbar für Ihre kindlichen Bedürfnisse. Oder im schlimmsten Fall hatten Sie einen Vater, der körperliche oder seelische Gewalt ausgeübt hat. Einen Vater, bei dem Sie sich als Kind ohnmächtig und hilflos gefühlt haben, oder einen Vater, von dem Sie sich nicht geschützt fühlten, wenn andere Sie (verbal) verletzten oder Ihre Grenzen überschritten.

Diese verschiedenen Gedanken können bei Menschen mitschwingen, wenn sie von Gott als dem „guten Vater im Himmel" hören. Dies soll nicht anklagend oder verurteilend gegenüber dem Verhalten der beschriebenen Väter gemeint sein. Manchmal braucht es einen barmherzigen Blick dahinter: Warum ist jemand so geworden? Was hat diesen Menschen geprägt? In welcher Zeit ist er aufgewachsen? Wie sah seine Herkunftsfamilie aus?

Dennoch darf und muss ich sogar das Erlebte betrauern und verarbeiten, damit es mich nicht weiter unbewusst beeinflusst. Eventuell brauchen wir seelsorgerliche Unterstützung oder professionelle Hilfe bei der Aufarbeitung; sicherlich brauchen wir Gebet und Gottes heilende Gegenwart.

Niemand wird ganz ohne Verletzungen durchs Leben gehen können. Es ist immer die Frage, wie wir damit umgehen.

Lasse ich zu, dass die negativen Erfahrungen mein Leben (und dadurch auch das meiner eigenen Kinder und Familie) bestimmen? Oder entscheide ich mich für einen anderen Weg? Manchmal kann es bedeuten, auf Abstand zur Herkunftsfamilie zu gehen, klare Grenzen zu setzen und für deren Einhaltung einzutreten. Da muss der Schutz der eigenen Familie höher gewertet werden als der Kontakt zur Herkunftsfamilie. Dazu gehört es auch, dass wir Unwahrheiten gegenüber unseren Kindern richtigstellen und unsere Kinder schützen.

Ich habe beispielsweise als Kind lange geglaubt, ich sei „schuld“ am Regen. Ich hatte eine Verwandte, die mir immer sagte, bei Regen würden die Engel weinen, weil ich so böse gewesen sei. So hatte ich oft ein mulmiges Gefühl bei Regen, denn ich war ja daran „schuld“. Da hätte ich mir einen solchen Schutz von einem anderen Erwachsenen gewünscht, der die Sache klargestellt und die Person in die Schranken gewiesen hätte.

Aber auch dazu muss ich mich als Erwachsene stellen: Sollen solche Sätze weiter Einfluss auf mein Leben haben? Oder kann ich mich distanzieren und diesen „Unsinn“ ablegen? Dabei ist dieser Spruch noch ein harmloses Beispiel. Viele Erwachsene müssen mit viel schwierigeren Prägesätzen umgehen und diese einordnen und verarbeiten.

DIE PRÄGUNGEN DER VERGANGENHEIT

!

Die Erziehung unserer Eltern und Bezugspersonen hat uns geprägt, ob uns das gefällt oder nicht, und sie prägt auch unser Reden mit Kindern über Gott.

Welche Seite oder welche Eigenschaft Gottes betonen wir? Reden wir mehr von Gott als einem Freund, der uns begleitet? Ist Jesus der „gute Kumpel“ oder Gott der Richter, der nur auf meine Fehler wartet, um das Urteil zu sprechen? Ich kenne Menschen, die sich als Kind immer und immer wieder „bekehrt“ haben aus lauter Angst, den Himmel zu verpassen und auf ewig in der Hölle zu landen. Da war Glaube mit viel Angst verbunden und hat das Leben gelähmt, weil bloß niemand einen Fehler machen wollte – dies hätte ja unabsehbare Folgen für die Ewigkeit gehabt. Schaffen wir es, aus dieser Angst herauszukommen und unseren eigenen Glauben, aber auch die Sichtweise unserer Kinder positiv zu füllen?

Oder eine andere Prägung: Reden wir mehr von Gott als dem „Allversöhner“, der – ganz egal, wie ich mein Leben führe – am Ende seine Gnade um mich wickelt und dann ist alles gut?

Sie merken, dass all diese Fragen uns

beeinflussen. Was habe ich selbst erlebt? Welche Eigenschaften Gottes sind mir selbst wichtig oder mit welchen habe ich durch meine Prägung auch Mühe?

Manche Menschen stellen sich Gott eher wie eine Art „Weihnachtsmann“ vor. Ihm wird regelmäßig der Wunschzettel abgeliefert, und wenn es nicht klappt, sind sie enttäuscht und wenden sich womöglich sogar ab. Wenn ich ein solches Gottesbild meinem Kind vermittele, dann ist die Enttäuschung schon vorprogrammiert. Warum ist der Opa gestorben, obwohl ich gebetet habe? Warum bekomme ich nicht das neue Puppenhaus, ich habe doch dafür gebetet?

An späterer Stelle werde ich noch etwas zum Thema Gebet sagen. Doch so viel schon mal hier: Gott ist sicherlich nicht ein Wunschautomat, sondern er ist der souveräne Gott, der weiß, was gut für mein Leben ist und was mich reifen und wachsen lässt in der Beziehung zu ihm. Das sind nicht immer unsere Wünsche, aber auch nicht – wie wiederum manche Christen glauben – immer genau das Gegenteil von dem, was ich mir vorstelle.

> Wenn es uns gelingt, Kindern ein Urvertrauen in Gott und sein Handeln zu geben, dann werden sie auch mit nicht erfüllten Wünschen besser umgehen können.

!

Da ist das Eltern-Kind-Verhältnis ein gutes Bild, denn auch Eltern erfüllen in den meisten Fällen ihren Kindern nicht sofort jeden Wunsch. Im besten Fall wägen Eltern ab und fragen sich, was gut für das Kind und seine weitere Entwicklung ist. Es ist also schwierig, wenn wir Kindern vermitteln, dass Gott immer genau das gibt, was wir bitten. Wir sollten eher den Blick darauf lenken, dass Gott ein Gott ist, der mitgeht und begleitet. Ein Gott, der zuhört, wenn wir mit ihm sprechen, der sich interessiert für die Menschen und ihre Belange. Und es ist gut, wenn Kinder dann auch das erleben können.

So sind wir alle durch unsere Lebensgeschichte beeinflusst und manche Dinge kommen uns erst im Laufe unseres Lebens zu Bewusstsein. Vielleicht hat der eine oder andere kein Problem mit Gott als dem Vater, wie schon erwähnt. Vielleicht aber stellen Sie ein ungutes Gefühl fest, wenn von dem

Gott mit mütterlichen Eigenschaften die Rede ist. So steht in Jesaja 65: „Gott tröstet uns, wie einen eine Mutter tröstet." Auch da klingt bei Menschen mit, wie sie selbst Mutterschaft erlebt haben: eine Mutter, die tröstet? Oder eine Mutter, die kontrolliert oder kritisiert? Eine Mutter, die als das „schwache Geschlecht" erlebt wurde?

Viele Frauen machen die Erfahrung, dass sie durch eigene Mutterschaft ihr eigenes Tochtererleben neu reflektieren und bewerten. Mich selbst hat es barmherziger mit meiner eigenen Mutter werden lassen. Manche Kritik wurde durch das eigene Erleben – die eigene Freude und manchmal auch das eigene Scheitern – leiser. Ich kann jetzt viele Ängste und Sorgen meiner Mutter besser verstehen. Letztlich hat es uns näher zueinander gebracht und wir kamen ins Gespräch, wie „damals" Kindererziehung gelebt und gestaltet wurde. Manches empfundene Defizit konnte ich für mich benennen, manches durch seelsorgerliche Gespräche aufarbeiten, manches betrauern, aber auch dankbar sein für gute Erfahrungen.

Ich hatte lange Mühe mit dem Gebot, die „Eltern zu ehren". Was meint Gott mit diesem Gebot? Bedeutet ehren, gehorsam zu sein, das Lebenskonzept der Eltern gut zu finden und zu übernehmen? Nein, das denke ich nicht. Für mich heißt dieses Gebot heute sehr allgemein, dass wir unseren Eltern ganz grundsätzlich dankbar sein können, dass sie den Mut zum Elternsein gehabt haben. Dadurch verdienen sie unseren vollen Respekt. Meine Eltern haben beispielsweise auf Dinge verzichtet, um das eigene Haus zu bauen oder mit uns in Urlaub fahren zu können. Sie selbst stammten aus einer Generation, die noch während des Zweiten Weltkrieges geboren wurden. Dadurch erlebten sie ihre Kindheit und Jugend unter völlig anderen Vorzeichen als heute. Mein Vater hat seinen eigenen Vater nie kennengelernt. Kurz vor Kriegsende starb er auf einem Kriegsschauplatz irgendwo in Osteuropa. Die Wörter „Papa" oder „Vater" waren für meinen eigenen Vater Fremdwörter. Das hat ihn geprägt und hat natürlich auch unser Vater-Tochter-Verhältnis beeinflusst. Diese Generation hatte meist gelernt, vieles mit sich selbst auszumachen und über ihre Gefühle und Bedürfnisse nicht zu sprechen. Dennoch waren meine Eltern immer für uns Kinder da, sorgten dafür, dass wir eine gute Ausbildung bekamen, und halfen uns finanziell und mit praktischer Unterstützung. Im Nachhinein kann ich dies sehr wertschätzen und bin dankbar für das, was sie an Gutem in mein Leben hineingelegt haben.

Auch hier gilt, wie ich es weiter oben schon geschrieben habe: Ich möchte mich auf das konzentrieren, was ich als positiv erlebt habe, und es an meine eigenen Kinder weitergeben. (Das heißt natürlich nicht, dass schlechte Erfahrungen totgeschwiegen oder unter den Teppich gekehrt werden. Ganz im Gegenteil – gerade negative Erfahrungen müssen wir aufarbeiten, um sie nicht an die nächste Generation weiterzugeben.)

WIR PRÄGEN DIE NÄCHSTE GENERATION

Bei diesen Überlegungen denke ich unbewusst: Was werden meine Kinder in der Rückschau einmal über uns als Eltern sagen? Wie empfinden sie meinen Erziehungsstil? Was beeinflusst sie positiv, was negativ?

Kinder fordern uns durch das Zusammenleben mit ihnen immer wieder heraus. Ihre Fragen können uns manchmal ganz schön aus dem Konzept bringen. Und oft genug erleben wir Grenzen. Ich habe manchmal den Eindruck, dass meine Kinder „das Beste" in mir hervorgeholt haben, aber genauso habe ich auch das Gefühl, dass niemand bisher meine Schwächen und Grenzen so stark ausgereizt hat.

> Kinder sind gute Beobachter und können uns mit ihrer direkten, unverblümten Art manchmal ganz schön infrage stellen. In jedem Fall fordern sie uns zur Auseinandersetzung mit der eigenen Herkunft und Prägung heraus.

Das gilt für alle Lebensbereiche, aber besonders wohl in den Fragen der Glaubensprägung, da hierbei sehr grundsätzliche Lebensfragen und Lebenskonzepte zum Tragen kommen. Die Fragen des Glaubens spielen in allen Lebensbereichen eine Rolle: Wie gestalten wir unseren Alltag, den Sonntag, die Feiertage? Wie gehen wir mit unserem Besitz und Geld um? Welchen Lebensstil führen wir? Wie und wo engagieren wir uns ehrenamtlich? ... um nur einige der Bereiche zu nennen.

Ich bin sehr dankbar, dass wir als Familie ein offenes Klima des Fragens und Hinterfragens geschaffen haben. Kein Thema muss peinlich oder unpassend sein. Ich habe als Kind oft gehört: „Dafür bist du noch zu klein!" So fielen viele Themen unter den Tisch, denn der Mut zum erneuten Fragen war bei mir dann gering. Das heißt nicht, dass wir als Eltern immer auf alles umfassend und sofort antwortet müssen.

> Ein Gespräch muss dem Alter des Kindes angemessen sein, aber wir sollten hören, was unsere Kinder umtreibt, und ihnen unsere Aufmerksamkeit schenken.

Familie lebt von Beziehungen und im besten Fall von einem guten Miteinander. Dazu braucht es das Gespräch, bei dem wir aufeinander achten und deutlich formulieren können, wie es uns geht und was uns beschäftigt.

4 | Vorbilder im Glauben

Als Eltern oder Kindermitarbeiter sind wir Vorbilder, ob uns das bewusst ist oder nicht. Kinder schauen sich unser Verhalten ab. Schon der Pädagoge Friedrich Fröbel (1782–1852) stellte fest: „Erziehung ist Beispiel und Liebe – sonst nichts." Im Alltag erscheint uns das logisch: Wenn ich z. B. den Fernsehkonsum meines Kindes einschränke und dabei selbst Stunden vor dem Apparat verbringe, wirke ich unglaubwürdig. Jedes Kind würde zu Recht protestieren. Doch wie sieht es aus in Glaubensdingen? Wie wir schon weiter oben festgestellt haben, kann der Glaube an Gott nicht vererbt oder anerzogen werden.

> !
> Jedes Kind muss selbst den Zugang zu Gott finden und sein persönliches Glaubensleben mehr und mehr entwickeln. Wir als Eltern oder Menschen, die mit Kindern zu tun haben, können aber Begleiter und Wegweiser sein.

Wir können einen Rahmen schaffen, in dem eigene Glaubenserfahrungen möglich sind.

Ein Schlagwort unserer Zeit, das aber die Sache gut trifft, heißt „Authentizität". Authentisch sein bedeutet, dass Tun und Reden übereinstimmen. Kinder haben ein gutes Gespür für Echtheit und kommen Ungereimtheiten schnell auf die Spur. Wenn Eltern also nur reden, wie wichtig beispielsweise Bibellesen ist, das Kind die Eltern aber nie mit der Bibel in der Hand sieht, dann hat das Reden wenig Wirkung. Wenn ich ein Gebet meines Kindes einfordere, selbst aber nicht bete, wird das Kind wenig Lust zum Beten verspüren. Wenn Kinder aber sehen, dass Papa oder Mama regelmäßig mit der Bibel vor sich am Schreibtisch sitzen oder gemeinsam beten, dann werden sie angeregt, das auch mal zu probieren. Sie lernen früh, dass eine solche Angewohnheit irgendwie gut und wichtig zu sein scheint, da braucht es dann nicht viele Worte vonseiten des Erwachsenen. Das Gleiche gilt auch in ethischen Fragen. Wie verhalte ich mich gegenüber meinen Mitmenschen und gegenüber der Schöpfung? Wie gehe ich mit der Wahrheit um? Wie rede ich über andere Menschen in deren Abwesenheit? Bewahren meine Worte die Würde des anderen und sind sie respektvoll, trotz meines Ärgers und meiner vielleicht berechtigten Kritik?

Die Bibel spricht in dem Zusammenhang von „Wahrheit und Liebe". Wir sollen und dürfen Dinge in Wahrheit sagen, aber ohne Liebe ist die Wahrheit brutal und gnadenlos. Ebenso schwierig ist es, wenn alles mit falsch gemeinter Liebe zugekleistert wird, die Wahrheit auf der Strecke bleibt und eine unechte Harmonie entsteht.

So versuchen wir in unserer Familie beispielsweise, in angemessener Weise zu Hause über Lehrer und Lehrerinnen zu sprechen. Natürlich dürfen sich unsere Kinder (und auch manchmal wir Eltern) über ein Verhalten ärgern. Es macht aber einen Unterschied, ob ich immer noch fair und respektvoll von der Person spreche, möglicherweise ein klärendes Gespräch suche, oder ob ich mich weiter in meinen Ärger hineinsteigere und mir womöglich noch andere Eltern zum Mitschimpfen suche. Manchmal entstehen dadurch sehr ungute Mechanismen, auf deren Entstehung wir Einfluss haben. Ich kann meinen Kindern durch mein Vorbild beibringen, wie sie ihren Ärger angemessen formulieren und andere trotz möglichen Fehlverhaltens respektvoll behandeln können.

UND WAS, WENN ES DOCH MAL SCHIEFGEHT …?

Wenn wir ehrlich sind, machen wir in diesem Bereich alle Fehler und verhalten uns manchmal unangemessen. Doch selbst da können wir Vorbild sein, weil Kinder sich abgucken, wie wir mit einem Fehlverhalten umgehen. Kann ich mich entschuldigen und jemanden um Verzeihung bitten? Kann ich eine Sache wieder ins Reine bringen und zugeben, dass ich über das Ziel hinausgeschossen bin? Im biblischen Sinne (nach 1. Johannes 1,9): Erleben wir Gott dann real als den, der vergibt, der treu und gerecht ist, wenn wir unsere Schuld bekennen?

Ich stehe müde und ein bisschen ausgelaugt im Drogeriemarkt an der Kasse. Schnell noch reinspringen und die paar Kleinigkeiten kaufen, die ich gestern vergessen hatte und die wir doch dringend brauchen. Eine Frau mittleren Alters vor mir kommt mit der Kassiererin ins Gespräch. In erstaunlich kurzer Zeit haben die beiden sich in eine Schimpftirade über Ausländer und speziell über die Flüchtlinge aus dem nahe gelegenen Camp hineingesteigert. In übelster Weise wird da hergezogen, es mischen sich schlechte Erfahrungen mit Gerüchten und dem, was „man so in der Zeitung liest". Ich bemerke mein Unwohlsein an der Situation und das dringende Bedürfnis, etwas dagegenzuhalten. Ich könnte sagen, wie undifferenziert und unwahr manche der Aussagen sind. Oder wie unfair es ist, eine ganze Menschengruppe pauschal zu diffamieren – aber ich schweige. Ich habe gerade keine Kraft, bin müde und habe außerdem fast ein bisschen Angst vor dieser Hysterie und dieser geballten Energie. Ich zahle meinen Einkauf, sitze im Auto und schäme mich. Ich habe die Gelegenheit verpasst, für andere und ihre Würde einzutreten oder zumindest eine andere Sicht der Dinge kundzutun. Ich habe geschwiegen, obwohl ich hätte reden sollen. So fühle ich mich mitschuldig an dieser bösen und dummen Schimpferei.

Zerknirscht erzähle ich meiner Familie davon beim Abendessen. Es tut mir von Herzen leid. Wenn das Ganze was Gutes hat, dann dies, dass ich mit meinen Kindern ins Gespräch komme. Wir stellen fest, dass es jedem von uns mal so geht, dass wir mutig für andere eintreten müssten, es dann aber doch manchmal nicht tun. Es kommt heraus, dass eine solche Szene für unsere Kinder in der Schule eine häufige Situation ist. Da werden andere gemobbt und ausgegrenzt, ausgelacht und bloßgestellt. Da kostet es Mut, einzutreten und sich vor den Schwachen zu stellen, Solidarität zu zeigen und Hilfe anzubieten.

Was lernen meine Kinder also aus der Situation? Ich kann Fehler machen, aber ich kann auch bei Gott und den Menschen um Entschuldigung bitten. So können wir uns gegenseitig auf dem Weg ermutigen und unser Erleben teilen. Wir können gemeinsam beten für die, die „austeilen", und für die, die „einstecken". Und bei allem: Gott ist dabei und sieht meine eigene Unsicherheit, meine Feigheit und meine Not. Und vielleicht gibt er in einer ähnlichen Situation mehr Mut.

„... SEID GASTFREUNDLICH!“

Eine andere Möglichkeit, in der der Glaube im Alltag Gestalt gewinnen kann, ist der offene Umgang mit anderen Menschen in unserem Zuhause. Wo dürfen andere teilhaben an uns als Familie – mit allen Stärken und Schwächen? Wo nehmen wir andere mit in unser Familienleben hinein? Wo machen wir uns dadurch auch verletzlich, wenn andere sehen dürfen, dass nicht alles glatt und reibungslos verläuft? Wenn andere mitbekommen, dass unsere Kinder mit uns und untereinander streiten, dass manchmal Türen knallen und wir nicht die Familie aus dem Hochglanzprospekt sind.

Die Bibel fordert uns an mehreren Stellen auf, „gastfrei“ zu sein. Im Römer 12 beispielsweise endet Paulus in Vers 13: „... seid gastfreundlich.“ Er nennt die Gastfreundschaft in einer Aufzählung, die in der Lutherübersetzung mit „Gaben im Dienst der Gemeinde“ überschrieben ist.

Wir wollen trotz der beschriebenen Herausforderungen gerne ein offenes Haus haben und Menschen willkommen heißen. Wir freuen uns, wenn andere sich bei uns wohlfühlen. Ich selbst muss mich dann immer wieder frei davon machen, dass alles ordentlich und aufgeräumt aussehen muss. Viel wichtiger als eine aufgeräumte Wohnung ist es häufig, Zeit zu haben und ein offenes Ohr. Einen Raum zu schaffen für andere, sich mitzuteilen und ein Stück des Weges miteinander zu gehen.

> Oft ermutigt es andere, dass wir auch nicht „perfekt“ sind, dass wir in Erziehungsfragen an Grenzen stoßen und uns selbst auch ratlos erleben.

!

Da tut es gut, im Gespräch zu sein, sich gegenseitig wahrzunehmen und im besten Sinne „Leben zu teilen“. Wir haben einige Singlefreunde, die gerne bei uns vorbeischauen. Sie genießen den wuseligen Familienalltag, den sie sonst nicht erleben. Ich dagegen freue mich, mal über andere Themen zu sprechen, die außerhalb meines Familienhorizonts liegen. Unsere Kinder erleben, dass es unkompliziert ist, wenn andere angemeldet oder manchmal auch unangemeldet dazukommen.

Sie haben diesen Wert übernommen. Sie wissen, dass sie (fast) jederzeit Freunde aus der Schule mitbringen können. Dass es meist kein großes Problem ist, noch einen weiteren Teller zum Mittagessen aufzustellen und zu teilen, was da ist.

Letztlich muss jede Familie herausfinden, was für sie wichtig ist. So verzichtet die eine Familie an Weihnachten auf den Heiligabend zu Hause, damit Eltern und Kinder bei der Gemeindeweihnachtsfeier für Flüchtlingsfamilien mithelfen können. Andere verzichten auf ein Auto oder reduzieren den Fleischkonsum, weil sie die Schöpfung achten wollen. Viele Familien aus unserem Umfeld gestalten regelmäßig Familienandachten und machen damit gute Erfahrungen. Da muss jede Familie einfach ausprobieren und ein bisschen experimentieren, was zu ihnen passt! Inzwischen gibt es dazu gute Literatur: Familienandachten, Liederbücher, Textsammlungen u.v.m.

DEN GLAUBEN IM ALLTAG LEBEN

Wir gehören nicht zu den Familien, die regelmäßige Familienandachten praktizieren. Manchmal gibt es eine gemeinsame Zeit des Singens und Musizierens, denn unsere Kinder mögen sehr gerne neuere Lobpreislieder aus dem Gottesdienst. Häufig ergeben sich die Gespräche über den Glauben eher aus dem Alltag heraus, wo wir uns fragen, was Jesus wohl zu der Situation sagen würde. Vermutlich hat das mit unserer eigenen Prägung zu tun. Mein Wunsch ist, dass ich keine „künstliche" Glaubenspraxis schaffen will, sondern dass der Glaube ins Leben gehört und sich dort als tragbar erweisen muss. Aber, wie schon gesagt, das eine muss das andere ja nicht ausschließen. Wir dürfen auch nicht von der anderen Seite „vom Pferd fallen" und alles Ritualisierte ablehnen, denn manchmal ist eine gute Form auch hilfreich und schützt vor Beliebigkeit.

Von unserem Wohnzimmerfenster aus haben wir einen guten Blick zur Stadtautobahn. Neulich gab es dort einen schlimmen Unfall mit einigen Verletzten, sogar ein Todesopfer war zu beklagen. Wir sahen den ganzen Aufruhr mit Polizei, Blaulicht, Rettungswagen und Hubschrauber und ahnten, dass was Schlimmes passiert sein musste. Wie verhalte ich mich da? Ich entschied mich, mit meiner Tochter vom Fenster wegzugehen und ein Gebet zu sprechen. Ich betete für die Menschen, die vermutlich verletzt waren, und für die Rettungskräfte, dass sie gute Entscheidungen trafen und ausreichend Kraft für ihren Job bekamen. Erst dann konnten wir ablassen von der Sorge und auch der Neugier, die uns am Fenster hielt.

Meine Tochter hat in dieser Situation gelernt, dass es eine gute Adresse für Sorgen gibt und dass wir im Gebet für andere eintreten können. Wir können uns „aktiv" verhalten und müssen nicht hilflos danebenstehen. Und sie hat gesehen, sozusagen aus dem Leben heraus, wie Beziehung mit Gott gelebt werden kann. Oft sind solche Erfahrungen viel einprägsamer, als wenn ich „theoretisch" mit ihr über das Beten gesprochen hätte.

Solche Geschichten ergeben sich häufig im Alltag so ganz nebenbei. Doch auch andere, aufregendere Erlebnisse bleiben natürlich eindrücklich im Gedächtnis.

Eine solche Erfahrung machten wir einmal bei einer Urlaubsreise: Nach zwölf Tagen Radtour waren wir endlich froh und müde in Kehlheim angekommen: zwei Erwachsene, vier Kinder, fünf Fahrräder und unzählige Gepäcktaschen. Wir hatten geplant, dass mein Mann mit dem Zug die Strecke zurückfuhr, um unser Auto mit dem Fahrradhänger zu holen, und dass ich die Zeit mit den Kindern in Kehlheim verbringen würde.

Leider ging unser Plan nicht auf. Erst hatte der Zug Verspätung, unterwegs gab es dann eine Autopanne und schließlich stand ich mit den Kindern vor dem Quartier der letzten Nacht, das wir inzwischen verlassen mussten. Schnell war bei einbrechender Dunkelheit klar, dass es mit der Heimfahrt heute nicht mehr klappen würde. Also was tun? Unser Zimmer war inzwischen weitervermietet. Mit zunehmend ungeduldigeren Kindern, viel Gepäck und Ratlosigkeit standen wir dann an einer Straßenecke. Als dann der Regen einsetzte, entfuhr mir doch das eine oder andere Wort, das ich sonst meinen Kindern verbiete. Zu allem war gerade der Handy-Akku leer, sodass wir auch keinen Kontakt mehr zu meinem Mann aufnehmen konnten. Ich sammelte meine Gedanken und ließ ein Stoßgebet los.

Plötzlich schenkte Gott einen inneren Frieden und eine Ruhe über dem ganzen äußeren Chaos. Ich musste fast schmunzeln über meinen Unmut. Schließlich stand ich mitten in Deutschland (und nicht irgendwo in der Wüste), wir waren zwar müde, aber gesund, bei der Autopanne war niemand zu Schaden gekommen, ich hatte eine EC-Karte in der Tasche ... Eigentlich waren es „Sorgen auf hohem Niveau". Glücklicherweise hatte Gott meine Einstellung zur Situation verändert.

Wir erlebten dann ein paar „Engel“ an diesem Tag: den Engel vom Pannendienst, der das Auto wieder flottmachte; den Engel vom Gasthof gegenüber, der noch vier Betten frei hatte, „... wenn Sie ein bisschen zusammenrutschen würden!“ Das taten wir gerne und verbrachten einen gemütlichen Abend – dankbar für Gottes Eingreifen. Wir haben an diesen Tag viel gelernt zum Thema „Vertrauen“, einfach aus der Alltagssituation heraus.

Natürlich sind auch feste Zeiten für die Pflege der Gottesbeziehung wichtig. Gott kann uns im Gottesdienst (oder Kindergottesdienst) ansprechen und erreichen, wenn wir in seine Gegenwart kommen können. Oder bei festen Zeiten des Bibellesens oder dem Vorlesen der biblischen Geschichten schaffe ich einen Raum, wo Gott durch sein Wort zu uns sprechen kann und wir mehr von ihm verstehen. Für manche gibt es, wie schon erwähnt, einen Zugang über die Musik.

Vielleicht helfen Ihnen folgende Fragen, Ihren eigenen Alltag zu bedenken:

- *Wie beginne und beende ich den Tag?*
- *Wie sehe ich meine Arbeit? Als notwendiges Übel oder als Mitgestaltung an Gottes Schöpfung?*
- *Wie gehe ich mit Konflikten und mit Schuld um?*
- *Wie gestalte ich meinen Sonntag? Ist es ein besonderer „Tag des Herrn“?*
- *Welche Rituale lebe ich in meiner Familie?*
- *Welche Rolle spielt das Gebet?*
- *Übe ich einen dankbaren und zufriedenen Lebensstil?*
- *Wie gestalte ich mein Umfeld? Sieht man unserer Wohnung an, dass wir Christen sind?*
- *Gehe ich sorgsam mit den mir anvertrauten Gütern um?*
- *Bin ich Teil einer Gemeinde oder Gemeinschaft, die mich trägt und mich korrigiert, wenn es nötig ist?*

Diese Aufzählung ist nur als Anregung gedacht. Jede Familie hat ihre ganz eigenen Fragen. Ich würde mich freuen, wenn Sie das eine oder andere als Denkanstoß betrachten und schauen würden, was für Sie praktikabel scheint, was zu Ihnen passt und wo Ihre Stärken als Familie liegen.

DANKBAR LEBEN

Ich war sehr angesprochen von der Aktion „Jahr der Dankbarkeit". Einige christliche Werke und Gemeinden hatten es sich ein Jahr lang zur Aufgabe gemacht, Dankbarkeit neu in den Blick zu rücken. Dazu wurden etliche Materialien mit Anregungen herausgegeben (mehr Infos unter: www.jahr-der-dankbarkeit.net). Auch wenn dieses Jahr inzwischen vorbei ist, kann es für Sie und für uns als Familie immer wieder eine gute Übung sein, dankbares Leben einzuüben. Das beginnt schon mit den Allerkleinsten. Nichts von dem, was wir besitzen, wie wir leben, was wir an Möglichkeiten haben, ist selbstverständlich.

Vielleicht kennen Sie aus Ihrer eigenen Kindheit noch den Spruch: „Die Kinder in Afrika wären froh, wenn sie das hätten!", wenn Sie Ihren Teller nicht leer essen wollten? Bei mir hat dieser Spruch als Kind wenig bewirkt; ich hätte gerne das verhasste Gemüse nach Afrika oder sonst wohin geschickt. Diese Aufforderung hatte keine Auswirkung auf mein Denken und Verhalten.

Es geht also nicht darum, dankbares Verhalten um jeden Preis einzufordern oder gar Lippenbekenntnisse zu fordern. Das wäre völlig unangemessen. Aber vielleicht geht es darum, Kindern ein Bewusstsein zu schaffen, dass es uns in der westlichen Welt wirklich gut geht und dass es im Grunde keinen Anlass zum Meckern gibt. Dankbarkeit als Lebensstil – in großen und kleinen Dingen des Lebens.

Natürlich ist es traurig und schlimm, wenn der Vater und Opa verstirbt, so wie es in meiner Familie der Fall war. Zu jung und zu plötzlich für mein Gefühl. Aber ich kann mich entscheiden: Bleibe ich beim Jammern stehen oder bin ich dankbar, dass wir noch einen schönen Familienurlaub gemeinsam hatten und dass wir ihn bis zum letzten Atemzug begleiten und in Frieden Abschied nehmen konnten?

Dankbarkeit hat mit meiner Entscheidung zu tun.

Natürlich kann ich meinen Blick auf die Defizite legen, aber ich kann ihn auch bewusst auf das lenken, was mir geschenkt und gegeben ist. Auch da sind wir Erwachsenen Vorbilder für unsere Kinder. Wenn ich selbst immer neidisch auf das schaue, was andere besitzen oder welche Möglichkeiten sie haben, dann werde ich immer unzufriedener. Und ehrlich gesagt: Das Gefühl des Mangels kommt oft aus dem Vergleichen mit anderen.

Dankbarkeit mit Kindern einüben könnte ganz praktisch heißen, dass Sie beispielsweise am Ende der Woche eine Gesprächsrunde mit der ganzen Familie anregen, bei der Sie sich austauschen, wofür Sie in der vergangenen Woche dankbar sein konnten. Vielleicht ergibt sich ein Gespräch darüber, wo die eigene Dankbarkeit eine Auswirkung auf andere hat: Wo sind in unserem Umfeld Menschen, die unsere Unterstützung brauchen? Wie können wir von unserem Überfluss abgeben und mit Menschen teilen, die weniger haben? Worauf verzichten wir bewusst, weil wir nicht mitmachen wollen beim ständigen „Konsumieren"? Wo „genügt" uns etwas?

„Ich will den Herrn von ganzem Herzen loben, alles in mir soll seinen heiligen Namen preisen!" (Psalm 103,1) Für das, was Gott uns Gutes getan hat, können wir ihm fröhlich danken und von ihm unseren Blick verändern lassen. Ich glaube, dass Zufriedenheit gerade in der heutigen Gesellschaft ein wichtiger Wert sein kann. Wo es immer um das „Noch mehr" und „Noch besser" geht, können wir als Christen einen Gegenpol setzen. Das kann in ganz kleinen Dingen sein, wo Kinder unser Verhalten abschauen: Haben Sie schon mal der geduldigen Kassiererin im Supermarkt an der Kasse gedankt? Oder dem Postbeamten, der trotz Dienstschluss noch Ihr Päckchen annimmt? Oder der Lehrerin, die sich über das geforderte Maß hinaus für ihre Schüler einsetzt? Oder Ihren eigenen Kindern, wenn sie gerade nicht getrödelt haben, als Sie selbst unter Zeitdruck standen?

Es geht dabei nicht um „Lobhudelei", sondern darum, dass wir durch unser Reden und Tun der Welt an vielen Stellen ein freundlicheres Gesicht geben können. Wenn unsere Kinder sich das bei uns abschauen können, ist die Wahrscheinlichkeit groß, dass sie selbst zu solchen Menschen werden. Und wenn ich überlege, in wessen Gegenwart ich mich wohlfühle, dann sind es oft diese Menschen, die Dankbarkeit und Zufriedenheit ausstrahlen.

DIE GEMEINDE – EIN WICHTIGER ORT FÜR FAMILIEN

Zum Ende des Kapitels noch ein Gedanke zu den Vorbildern, die Kinder außerhalb der Familie haben. Gerade für Kindermitarbeiter liegt darin eine große Chance, Kinder, die nicht ihre eigenen sind, auf ihrem Glaubensweg zu prägen und zu begleiten. Spätestens dann, wenn die Phase der Pubertät einsetzt, werden diese Menschen immer wichtiger für Kinder. Die eigenen Eltern sind dann oft „uncool" und werden „entthront". Während für Kindergarten- und Grundschulkinder die Eltern oft „Helden" sind, nimmt dieser Eindruck dann ab. Kinder beginnen, ihre Eltern kritisch zu sehen, und hinterfragen deren Lebensform. Das wirkt sich auch auf das Thema Glauben aus. Kinder suchen sich ihren eigenen Zugang, möglichst anders, als die Eltern das bisher vorgegeben haben. Manche wenden sich sogar ganz ab von allem, was mit

Glaube zu tun hat. Da ist es natürlich ein Segen, wenn es in der Gemeinde gute Vorbilder gibt, die in diese Lücke treten. Wenn diese Menschen von ihrer Gottesbeziehung erzählen und für Kinder glaubwürdig sind, dann ermöglicht sich ihnen eine ganz andere Chance in ihrer geistlichen Entwicklung. Deshalb die Frage: Gibt es solche Menschen in Ihrer Gemeinde, in Ihrem Umfeld?

Manchmal müssen wir selbst aktiv werden: Kindermitarbeiter einladen oder gute Kontakte unterstützen und fördern. Manchmal kann das auch eine befreundete Familie sein, in der Kinder sich wohlfühlen und vielleicht Dinge besprechen, die sie zu Hause gerade nicht ansprechen wollen. Dazu gehört viel Vertrauen zueinander und auch ein Stück weit das Loslassen des eigenen Kindes. Das fällt natürlich leichter, wenn wir sehen, dass das Kind dadurch in seiner Entwicklung und Reifung unterstützt wird. Es nimmt auch die Gemeinde mehr in die Verantwortung. Es gibt einen afrikanischen Spruch, der sinngemäß lautet:

> „Zum Erziehen eines Kindes brauchst du ein ganzes Dorf."

Wenn die gesamte Gemeinde versteht, dass auch sie beteiligt ist an dem Auftrag Gottes für die nächste Generation, dann unterstützen sie nicht nur die Eltern, sondern schaffen den Kindern eine Fülle von Möglichkeiten, Glauben zu erleben. Andererseits dürfen wir aber nicht den Fehler machen, die geistliche Prägung unserer Kinder ganz an die Gemeinde zu delegieren. Die Gemeinde kann ergänzen und unterstützen, aber in erster Linie sind Eltern in ihrer Verantwortung gefragt. Das liegt schon darin bedingt, dass Kinder normalerweise viel mehr Zeit in ihren Familien als in der Gemeinde verbringen. Gemeinde und Eltern sollten im Gespräch sein, wie gegenseitige Unterstützung aussehen kann. Gibt es Angebote der Gemeinde für Eltern und Kinder? Etwa zweimal im Jahr gibt es beispielsweise in unserer Gemeinde im Erwachsenen- und Kindergottesdienst die gleiche Themenreihe. D. h. Eltern und Kinder werden angeregt, auch zu Hause über das Gottesdienstthema zu sprechen und sich auszutauschen. Inzwischen gibt es dazu eine Fülle von Material mit vielen guten Anregungen. Die Büchertipps dazu finden Sie hinten im Literaturverzeichnis.

5 | Stufen des Glaubens bei Kindern

Wie glauben Kinder eigentlich? Welche Erfahrungen machen sie mit Gott?

Vielleicht gehören Sie zu den Erwachsenen, die eher skeptisch sind, was Kinder und eigenen Glauben betrifft. Sind sie nicht doch noch zu klein, um wirkliche Zusammenhänge zu verstehen? Mutet man ihnen mit manchen biblischen Geschichten nicht zu viel zu?

Bevor ich eigene Kinder hatte, dachte ich jedenfalls ganz ähnlich. Ich konnte mir nicht vorstellen, wie Gottesbeziehung vor allem mit sehr kleinen Kindern gelebt werden kann. Inzwischen bin ich aber überzeugt, dass Kinder in allen Altersphasen Gotteserfahrungen machen können. Gott zeigt sich ihnen auf ganz unterschiedliche Art und Weise und meist so, dass sie es mit ihrem Horizont begreifen können. Dennoch wollen wir Kinder nicht unter- oder überfordern. Deshalb sollten wir uns Gedanken machen, wie wir als Eltern oder Mitarbeiter Kinder auf diesem Weg begleiten können. Und natürlich müssen wir darüber nachdenken, welche Geschichten wir aus der Bibel für welche Altersgruppe erzählen und welche erst in späterem Alter geeignet sind. Dabei spielt es eine Rolle, welche Themen in welcher Lebensphase für Kinder relevant sind und was sie interessiert.

Die folgenden Altersangaben sind bewusst sehr grob gewählt. So ist hoffentlich genug Spielraum, um die einzelnen Impulse für die eigenen Kinder oder die Krabbel- oder Kindergottesdienstgruppe zu nutzen. Sehr hilfreich finde ich an dieser Stelle eine Arbeitsmappe von Willow Creek zu den verschiedenen Entwicklungsstufen von Kindern, die allerdings mittlerweile bedauerlicherweise vergriffen ist[7]. Dort werden sehr anschaulich und übersichtlich die einzelnen Entwicklungsstufen und die jeweilige „geistliche Entwicklung" von Kindern beschrieben.

7 Willow Creek, *Willkommen in meiner Welt*. Evtl. noch vereinzelt antiquarisch über das Internet erhältlich.

KRABBELKINDER (0-3 JAHRE)

Wie schon erwähnt, konnte ich mir lange Zeit nicht vorstellen, dass religiöse Erziehung schon bei den Allerkleinsten beginnt. Wenn ich aber die Erziehung oder besser Prägung als lebensumfassend beschreibe, gilt das natürlich auch für Babys und Kleinkinder. Ihr Alltag ist in vielem noch sehr ursprünglich; es geht um die grundlegenden Bedürfnisse von Hungerstillen, Schlafen, Geborgenheit und Nähe erleben.

> Kinder unter drei Jahren erfassen Gott nicht in erster Linie über den Verstand. Ihr Verstehen und Lernen geschieht über Gefühle, über Nähe, liebevolle Sprache, Zuwendung und Versorgung.

!

Ihre Vorstellung von Gott entwickelt sich in Beziehung zu den Eltern (oder anderen vertrauten Menschen). Wenn Kinder in diesen Jahren feste Bindungen erleben, kann sich Grundvertrauen bilden. Das kann die Basis für eine spätere gesunde Glaubensbindung sein. Kinder lernen vor allem über Sinneswahrnehmungen, über Berührungen und Erfahrungen mit sich und dem Umfeld. Das sollten wir wissen, wenn wir ihnen von Gott erzählen. Für die Kleinkinder sollte es also sehr praktisch sein. Sie müssen etwas erleben können, alle Sinne müssen angesprochen werden. Glaube wird im wörtlichen Sinne „greifbar". Wir sollten darauf achten, dass wir eine einfache Sprache wählen und mit wenigen Worten von Gott sprechen, in kurzen Sätzen und klaren Aussagen. So habe ich mir angewöhnt, von Jesus als dem „Sohn von Gott" zu sprechen. Alle anderen Jesusbezeichnungen (das Lamm Gottes, der Heiland, der Retter, der Messias ...), die auch im Neuen Testament vorkommen, können wir später zur Sprache bringen und deren Bedeutung erklären.

! Ein geeignetes Thema für Kinder unter drei Jahren ist „Gott, der Schöpfer".

Gott hat die Welt gemacht, er hat Pflanzen und Tiere geschaffen und schließlich auch die Menschen. Am Ende der Schöpfung hat Gott sein Werk angeschaut und es „sehr gut" genannt. D. h. jedes einzelne Kind ist „sehr gut" geschaffen, obwohl es noch nichts leistet und keinen messbaren Beitrag für die Gesellschaft hat. Ganz praktisch können wir das Kindern immer wieder so sagen: Gott hat dich gut gemacht! Wir können ihnen als Krabbelkinder einen Spiegel an die Wand hängen und gemeinsam schauen: Gott hat dich wunderbar gemacht! Deine Augen, deine Nase, deinen Mund. Alles an dir ist einmalig. Du bist etwas ganz Besonderes!

Wichtig ist eine liebevolle, einfache Sprache. Wir sollten erklären, was wir tun, wohin wir gehen, was wir sehen und erleben. Und ganz natürlich von Gott sprechen: „Schau, wie schön die Sonne heute scheint. Das hat Gott gemacht, damit wir es warm haben." Oder: „Es regnet, wie gut, dass Gott alle Blumen versorgt." Schon hier gilt es, den Alltag der Allerkleinsten mit Gott in Verbindung zu bringen. Wir können ihren Blick beispielsweise auf den Wechsel der Jahreszeiten lenken und die Veränderungen benennen: Gott hat alles geschaffen, den Frühling, Sommer, Herbst und Winter. Jede Jahreszeit hat etwas Besonderes zu bieten: Im Frühling schauen wir uns die ersten Krokusse im Garten an. Im Sommer freuen wir uns über die Wärme, über Wasser und das Spielen im Sand. Im

Herbst staunen wir, wie Gott die Natur verändert, wie die Blätter bunt werden und im Wind tanzen. Im Winter können wir – vielleicht – Schnee erleben, die Natur „schläft" und es gibt sogar Tiere, die im Winter schlafen. Gott hat sich das alles gut ausgedacht!

Kinder lauschen unseren Gebeten, auch wenn sie die Worte noch nicht einordnen können. Die vertraute Stimme und ein beruhigender Klang vermitteln ihnen Geborgenheit.

Erste Rituale wie das Gebet vor dem Essen oder beim Schlafengehen prägen sich bei Kindern ein und vermitteln ihnen Sicherheit.

Das können zu Anfang sehr einfache Gebete sein: „Gott, wir danken dir für das gute Essen." Oder: „Danke, Jesus, dass du bei uns bist."

Kinder lieben einfache Bilder, Gedichte und Lieder mit Bewegungen. Erste biblische Geschichten können gemeinsam angeschaut werden. Dabei ist es gut, wenn sich die Geschichten immer wiederholen. Kinder lernen durch Wiederholungen und lieben es, immer und immer wieder die gleichen Geschichten zu betrachten. Gut geeignet sind für dieses Alter erste Kinderbibeln. In einer christlichen Buchhandlung gibt es dazu eine große Auswahl, doch auch in jeder anderen Buchhandlung werden Sie normalerweise einige Bilderbibeln finden. In der Krabbelgruppe unserer Gemeinde hatten wir zu einzelnen Bibelgeschichten für jedes Kind ein Büchlein. Gut geeignet waren da die Pixi-Bibelbüchlein von Kees de Kort, die wir zu den Geschichten des Kirchenjahres angeschafft hatten. Oft waren die in einer größeren Menge mit Rabatt erhältlich, und wenn wir sie laminiert hatten, konnten sie gut bei den Kleinen zum Einsatz kommen.

Dadurch lernten die Kinder schon früh, dass es ein „Buch" gibt, das Dinge über Gott enthält, die sie selbständig entdecken können.

!

Bei den Kleinsten ist es wichtig, dass wir uns auf einen oder sehr wenige Aspekte einer biblischen Geschichte beschränken.

Am Beispiel der Weihnachtsgeschichte kann das bedeuten, dass wir nur einen Teil herausnehmen. Das Wichtigste an Weihnachten? Sie ahnen es: Jesus – Gott wird Mensch (oder Jesus ist geboren). So genügt es fürs Erste, wenn wir an Weihnachten von dem Baby sprechen, es in der Kinderbibel gemeinsam suchen, evtl. mit den Zweijährigen eine Babypuppe wickeln oder ein einfaches Lied dazu singen. Alle Details wie die Volkszählung, die Flucht, die Jungfrauengeburt, die Hirten, Engel und Könige können wir später erzählen. Vielleicht jedes Jahr ein bisschen mehr, denn gerade die Weihnachtsgeschichte gibt es ja immer wieder zu hören, da ist es nicht schlimm, wenn wir uns am Anfang beschränken.

Kinder in diesem Alter akzeptieren Wahrheiten, die wir Erwachsenen ihnen sagen: Gott liebt dich! Er kümmert sich um dich! Alle biblischen Geschichten, in denen dieser Aspekt betont wird, sind für kleine Zuhörer gut geeignet, z. B. das verlorene Schaf (Lukas 15), die Sturmstillung (Markus 4), der gute Hirte (Psalm 23), Bartimäus (Markus 10), die Kindersegnung (Markus 10). Gott ist der Versorger, der sich kümmert, der den Einzelnen sieht und hilft.

Wie in jeder Lebensphase ist auch für die Allerkleinsten neben dem normalen Alltag das Feiern wichtig. Entlang des Kirchenjahres gibt es eine Reihe Feste, die wir gut mit Kindern erleben und gestalten können. So feiern wir im Advent die Wartezeit auf den „Geburtstag von Jesus“ oder freuen uns am Erntedankfest über die vielen Dinge, die Gott uns zum Leben gibt.

Eines der wichtigsten Feste im Kirchenjahr ist ohne Frage Ostern. Doch wie bringen wir Kindern – besonders Kleinkindern – die Geschehnisse rund um Karfreitag und Ostern nahe? Können und dürfen wir Kinder mit der grausamen Geschichte der Kreuzigung, mit Themen wie Tod und Leid konfrontieren? Die einen sagen, dass wir natürlich davon erzählen müssen, denn die Geschehnisse von Ostern gehören doch wesentlich zum christlichen Glauben dazu. Andere sind eher zurückhaltend und wollen Kinder nicht unnötig erschrecken.

Bei Kindern unter drei Jahren wäre ich von der Tendenz her auch zurückhaltend, was die Details des Geschehens am Karfreitag betreffen. Kinder werden nichts „verpassen“, wenn sie nicht gleich alle Einzelheiten hören. Sie werden immer wieder mit diesem Thema in Berührung kommen. Und natürlich sollten wir vorsichtig und sorgsam umgehen mit der Schilderung von Gewalt und Tod.

Ich möchte im Folgenden ein Beispiel geben, wie wir die Ereignisse rund um Ostern für Kinder beschreiben können. Die Ideen sind aus einem Stundenentwurf für Krabbelgruppen entliehen, einzelne Elemente eignen sich aber auch gut für die Gestaltung des Osterfestes in der Familie.[8]

Einzug in Jerusalem:

Wir setzen uns eine Krone auf und spielen König und Königin. Was tut ein König? Wie bewegt er sich? Hat er schöne Kleider an? Reitet er auf einem tollen Pferd?

Heute wollen wir von einem besonderen König hören: Jesus! Jesus ist der allergrößte König der Welt. Aber er hatte keine Krone und auch keine tollen Kleider. Und er hatte auch kein Pferd, nur einen Esel zum Reiten.

Jesus war ein erwachsener Mann geworden. Er zog durch die Dörfer und erzählte den Menschen von Gott. Er machte viele Menschen gesund, die Menschen waren begeistert von ihm. (Evtl. kann man hier mit dem Kind „krank" spielen, also einen Verband anlegen oder ein Pflaster aufkleben).

Einmal ging Jesus in eine große Stadt. Diese Stadt hieß Jerusalem und war sehr groß. (Evtl. aus Bausteinen eine Stadt bauen, mit einem Tuch den Weg markieren, eine Kerze symbolisiert Jesus und wird vor die Stadt gestellt.) Das hier ist der Weg, der in die Stadt führt, und das hier ist Jesus (Kerze). Als Jesus die Stadt von Weitem sieht, bittet er seine Freunde, einen Esel zu holen, damit er auf ihm reiten kann (ein Esel, bspw. eine Krippenfigur, wird zur brennenden Kerze gestellt). Viele Menschen kommen zusammen. Sie singen Lieder für Jesus und legen ihre Kleider auf die Straße. Sie schmücken den Weg. Jesus soll ganz weich, wie ein König, reiten können (Puppenkleider auf den Weg legen). Die Leute brechen Zweige ab und winken Jesus damit zu. Sie freuen sich, dass er kommt (mit Zweigen winken und rufen: „Hosianna – Jesus, du sollst unser König sein!").

---

8 Petra Schünemann & Alexandra Schüssler (Hrsg.), *Krabbelkinder entdecken Gottes Welt*. Born-Verlag, Kassel, 2012.

Das letzte Abendmahl/Kreuzigung und Auferstehung:

Jesus ist mit seinen Freunden zusammen und möchte mit ihnen ein besonderes Abendessen feiern. Der Tisch wird schön gedeckt (gemeinsam einen Tisch festlich gestalten, mit Blumen und Kerzen und Puppengeschirr). Jesus setzt sich mit seinen Freunden an den Tisch. Die Kerze hier soll Jesus sein (Kerze auf die Decke stellen). Jesus weiß, dass er bald sterben muss. Deshalb ist ihm dieses Essen besonders wichtig (gemeinsam essen, Brot und Saft verteilen). Nach dem Abendessen geht Jesus in einen Garten, um zu beten (die Kerze auf ein grünes Tuch stellen). Jetzt hat Jesus Angst, sein Herz ist schwer (einen Stein in die Hand nehmen, wir spüren die Schwere). Soldaten kommen und nehmen Jesus mit. Auf einem Berg stirbt er an einem Kreuz (Kerze auspusten). Viele Menschen sind traurig, weil Jesus gestorben ist. Sie kommen ein paar Tage später zum Grab, um zu weinen. Aber was ist das? Am Grab sehen sie, dass der Stein weggerollt ist! Im Grab ist es hell (aus schwarzem Tuch einen Grabhügel knäulen und dann ein gelbes Tuch hineintun). Im Grab ist ein Engel. Er sagt, dass Jesus nicht mehr tot ist! Jesus lebt, er ist auferstanden (die Kerze wieder anzünden). Darum feiern wir Ostern: Jesus ist nicht tot geblieben, sondern er ist wieder lebendig geworden.

Wenn wir so von Ostern erzählen, kommen die zentralen Aussagen vor. Die Kinder hören, dass Jesus gestorben ist. Er ist aber nicht tot geblieben, sondern er wurde wieder lebendig. Durch die Symbolik geben wir den Kindern Raum für die eigene Fantasie. Sie hören dieses Geschehen erst mal als Geschichte. Alle weiterführenden Gedanken bspw. zum Stellvertretertod von Jesus, dass Jesus als „Lamm Gottes“ sterben musste, haben hier meines Erachtens noch keinen Platz. Der Gedanke, dass dieser Tod und diese Auferstehung was mit dem heutigen Leben zu tun hat, ist für Kinder in diesem Alter zu abstrakt. Für das Kleinkind ist es völlig ausreichend, die Geschichte in behutsamer Weise zu erzählen und vor allem das gute Ende zu betonen. Das schafft auch eine gute

Überleitung zu den anderen Ostertraditionen. Die Ostereier und die Küken stehen als Symbol für das neue Leben. Wir sollten, wie bei allen biblischen Geschichten, nichts unnötig hinzufügen, aber andererseits gilt, dass wir auch noch nicht gleich alles sagen müssen.

Zum Abschluss für diese Altersgruppe folgt zur besseren Übersicht eine kurze Zusammenfassung der einzelnen Altersphasen und Themen.

0-12 Monate:

Kinder brauchen in diesem Alter feste Bezugspersonen, die auf ihre Bedürfnisse eingehen. Rituale und Routine sind wichtig. Dadurch fühlen sich Säuglinge sicher und geborgen. Sie erfahren Gottes Gnade durch die Liebe anderer Menschen. Sie hören, dass Gott sie liebt und geschaffen hat. Geeignete Themen: Gott ist der Schöpfer. Gott liebt dich. Für das Baby beten und es segnen.

1-2 Jahre:

Das Kleinkind beginnt, andere Menschen wahrzunehmen, kann Dinge, Orte und Menschen benennen und zuordnen. Das Spielen entwickelt sich. Weiterhin braucht das Kind verlässliche Bezugspersonen und eine vertraute Umgebung. Dies ist auch die Phase, in der Kleinkinder gerne an einer Krabbelgruppe teilnehmen und gemeinsam spielen und singen. Geeignete Themen: biblische Geschichten, in denen Gottes Liebe deutlich wird, ansprechende christliche Kindermusik zum Singen und Bewegen, Tischgebet und Gebet als festes Ritual, z. B. beim Schlafengehen.

2-3 Jahre:

Die Kinder werden immer selbständiger, stellen gerne Fragen mit wer, was, warum und wo. Sie unterscheiden nicht, was real ist und was nicht. Sie sind neugierig und wollen die Welt entdecken und verstehen. Sie beobachten sehr genau, was andere tun, und imitieren sie. Geeignete Themen: biblische Geschichten, in denen sie immer mehr von Gottes Wesen kennenlernen können (Geschichten von Jesus: Bartimäus, Zachäus, Der verlorene Sohn ...). Durch Musik und Bewegung prägt sich das ein, was sie über Gott, Jesus und die Bibel kennengelernt haben. Weiterhin brauchen sie eine verlässliche Umgebung und Menschen, die auf ihre Fragen und Bedürfnisse eingehen.

KINDERGARTEN- UND VORSCHULKINDER (3-6 JAHRE)

Für Kinder in diesem Alter erschließt sich nach und nach der Lebensraum außerhalb der Familie. Die meisten gehen in den Kindergarten, erleben erste Freundschaften und werden im alltäglichen Leben selbständiger. Die Kinder können allein essen, sich anziehen und ihre Bedürfnisse durch Sprache äußern. Sie stellen erste Fragen zum Leben: Wo komme ich her? Wo war ich, bevor ich im Bauch bei der Mama war? Möglicherweise machen sie erste Erfahrungen mit Leid und Trauer. Ein Haustier stirbt oder eine Nachbarin ist plötzlich im Krankenhaus. Dadurch ergeben sich für Kinder viele Fragen und es ist wichtig, dass wir sie darin liebevoll begleiten.

!

Oft müssen wir genau hinhören, was genau die Frage ist, denn häufig fehlen den Kindern noch die Worte oder Möglichkeiten, sich exakt auszudrücken.

Manchmal ist eine Gegenfrage hilfreich: Was meinst du dazu? Wie könnte das gewesen sein? Gerade bei Kindern, die uns vielleicht nicht so vertraut sind, ist das hilfreich. Wir sollten aber auch beachten, dass Kinder in diesem Alter oft keine umfassenden Erklärungen suchen und aufnehmen können. Häufig „reicht" eine kurze Antwort.

Kinder sind in diesem Alter besonders neugierig und wollen Zusammenhänge verstehen.

Sie besitzen eine übersprudelnde Fantasie und spielen oft sehr ausführliche Rollenspiele, sie geben „toten" Gegenständen Leben. Sie lieben Lieder und Reime und können immer länger bei Geschichten zuhören und diese genau wiedergeben. Ihre Gefühlswelt entwickelt sich immer mehr; sie fangen an, sich in andere hineinzuversetzen und Dinge aus deren Perspektive zu betrachten. So können wir beim Erzählen oder Vorlesen biblischer Geschichten die Kinder gut mit einbeziehen: Was meint ihr, wie hat Jesus sich gefühlt? Was haben wohl die Freunde von Jesus gedacht? Mit drastischen Schilderungen bspw. vom Karfreitag sollten wir weiterhin sehr vorsichtig sein. Kinder können in diesem Alter besonders mitfühlend sein.

Ich erinnere mich an eine Sechsjährige, die im Kindergottesdienst nach der Geschichte von David und Goliath fragte: „Und was hat die Mama von Goliath dazu gesagt?"

Was hätten Sie darauf geantwortet? Ich war perplex, denn damit hatte ich wirklich nicht gerechnet. Interessanterweise war das auch für die meisten anderen Kinder eine völlig uninteressante Frage. Kinder schlagen sich auf die gute und siegreiche Seite und identifizieren sich mit dem Helden und nicht mit dem Verlierer.

Nach kurzem Überlegen antwortete ich ungefähr so: „Das ist eine gute Frage. Sie zeigt, dass du dich gut in andere einfühlen kannst. In der Bibel steht nichts davon, wie es der Mama von Goliath gegangen ist. Ich kann mir aber vorstellen, dass sie sehr traurig war. Aber in diesem Fall wollte Gott sein Volk schützen und hat David den Kampf gewinnen lassen. So war die Abmachung: Das Volk des Gewinners war gerettet. Goliath gehörte zu einem fremden Volk und machte sich über Gott sehr lustig, ja er hat Gott sogar verflucht. Verfluchen bedeutet, dass ich dem anderen nur Böses wünsche. Darüber wurde Gott zornig und wollte sich das nicht gefallen lassen. Gott liebte sein Volk und wollte, dass es ihnen gut geht und dass sie die Sieger über die Philister sind. Dass dafür Goliath sterben musste, ist traurig, aber sonst wäre vermutlich David gestorben und das wollte Gott verhindern. David wurde später der König des Volkes Israel und hat viele gute Dinge für die Menschen bewirkt. Wahrscheinlich hat Gott das schon so vorausgesehen und deshalb David gewinnen lassen."

Auch bei Vorschulkindern ist es zum besseren Verständnis biblischer Geschichten und Zusammenhänge hilfreich, wenn wir beim Erzählen alle ihre Sinne ansprechen. Wir wissen es von uns selbst, dass alles, was wir nur hören, nicht so gut hängen bleibt wie das, was wir zusätzlich sehen, fühlen, schmecken oder erleben.

Ich kann mich noch gut an eine Predigt zu dem Bibelvers „Gott nahe zu sein, ist mein Glück" erinnern. Der Prediger hatte einen Liegestuhl aufgestellt, auf dem ein Gemeindemitglied

Platz nehmen und mit Sonnenbrille und hochgelegten Füßen einen Cocktail (natürlich alkoholfrei) genießen durfte. Die Frage, auf die der Prediger dann einging, war der Unterschied zwischen dem, was im umgangssprachlichen Sinn oft als „Glück" bezeichnet wird, und dem, was die biblische Aussage damit meint. Durch dieses anschauliche Bild blieben die Aussagen des Predigers lange und eindrücklich in Erinnerung.

So können wir für den Kindergottesdienst nach solchen Elementen Ausschau halten. Wir haben in unserer Gemeinde bspw. an einem Sonntag ein großes Zelt (einen Gartenpavillon) im Kindergottesdienstraum aufgestellt. Alle Kinder durften sich vor dem Eintritt mit bunten Tüchern verkleiden und wir spielten, dass wir Gäste am Königshof von David waren. Wir übten die richtige Verbeugung vor dem König, es gab leckere Speisen (kleine Knabbereien) und schöne Musik. Dann kam ein Mitarbeiter, als David verkleidet, und erzählte von seinem Weg vom „Hirtenjungen zum König". Die Kinder waren mit einbezogen und folgten aufmerksam der Erzählung. Ich bin sicher, dass sie sich durch dieses Erleben gut an die Geschichte von David erinnern können.

Oder die Aktion, als wir auf dem Parkplatz der Gemeinde Fischstäbchen auf einem Grill gebraten haben. Während wir rund um den Grill saßen, erzählten wir Mitarbeiter die Geschichte aus Johannes 21: Jesus wartet nach der Auferstehung am Ufer auf die Jünger und bereitet ihnen das Essen zu. Auch davon sprachen die Kinder noch lange. Ich bin mir sicher, dass sie sich an jenen Sonntag erinnern werden, wenn sie die Geschichte erneut hören.

Oder ich denke an unsere Gemeindefreizeit zum Thema Mose. An einem Morgen ging es um die Feuersäule, die nachts dem Volk Israel den Weg voranging (2. Mose 13). Wir bastelten uns aus Stoffresten und geschmolzenem Wachs Fackeln. Abends am Lagerfeuer entzündeten wir die Fackeln und stellten uns vor, wie das Volk bei Dunkelheit durch die Wüste zog. Wir überlegten, wie viel Vertrauen das Volk in Gott gehabt haben musste. Gott zeigte sich ihnen als der Versorger, der sie nicht im Stich lässt und ihnen den Weg weist.

Es ist mir allerdings wichtig zu betonen, dass es nicht darum geht, am laufenden Band Höhepunkte und außergewöhnliche Erlebnisse zu schaffen um des Erlebnisses willen. Die inhaltlichen Aussagen sollten unbedingt im Vordergrund stehen. Dennoch braucht es ab und zu solche „Erlebnismomente", um den Kindern das Verständnis der biblischen Geschichten zu erleichtern und eine positive Atmosphäre zu schaffen, an die sie sich später gerne erinnern.

Auch hier folgt eine kurze Zusammenfassung der Altersphase und geeignete Themen.

3-4 Jahre:

Kinder erinnern sich an Geschichten und können sie wiedergeben. Sie erforschen Dinge und probieren auch gerne etwas Neues aus. Sie mögen Regeln, da sie ihnen Sicherheit vermitteln und eine Richtung vorgeben. Die Kinder verstehen immer besser, was Gebet bedeutet. Sie können zum eigenständigen Gebet ermutigt werden. Biblische Geschichten werden mit Begeisterung und unvoreingenommen gehört. Die Kinder beginnen sich mit biblischen Personen zu identifizieren und können sich gut in deren Gefühlslage hineinversetzen. Sie können Geschichten in mehreren Teilen (z. B. Abraham, Mose, Josef ...) gut folgen.

Wir sollten Möglichkeiten schaffen, dass sie biblische Themen mit allen Sinnen erfahren können und dass genug Raum zum Gespräch darüber ist. Gut geeignet sind in diesem Alter biblische Geschichte, in denen Gottes Größe und Stärke deutlich wird (die Stillung des Sturms, die Speisung der Fünftausend ...).

Kinder lieben in diesem Alter Musik mit Bewegungen. Durch Lieder prägen sich Aussagen der Bibel oder Aussagen über Gott und Jesus ein. Kinder lieben dabei die Wiederholung; sie können Lieder oder Geschichten immer und immer wieder hören.

5-6 Jahre (Vorschulkinder):

Kurz vor dem Schuleintritt erweitert sich der Horizont der Kinder immer weiter. Sie werden in vielen Dingen noch selbständiger, wollen mithelfen und an kleinen Stellen Verantwortung übernehmen. Darin können wir sie unterstützen, indem wir ihnen kleine Aufgaben geben. Sie bilden intensivere Freundschaften und besuchen sich gegenseitig.

Weiterhin lieben Kinder Rollenspiele, was sich gut für das Erzählen und Erleben biblischer Geschichten eignet. Die meisten Kinder in diesem Alter verkleiden sich gerne und schlüpfen in eine andere Rolle. Das können wir in der Arbeit mit ihnen gut einsetzen, denn viele biblische Geschichten eignen sich gut als Rollenspiel (z. B. Die Heilung des Gelähmten, Fischzug des Petrus oder alttestamentliche Geschichten wie Daniel in der Löwengrube oder die Geschichten aus dem Leben Davids). Sie hören gerne Geschichten von biblischen Personen, die Freunde von Gott oder Jesus waren. Diese Geschichten sind für sie wahr und die Personen dienen ihnen als Vorbilder. Die meisten Kinder lieben es, wenn ihnen vorgelesen wird. Dabei können sie auch schon längeren Texten, auch mit nicht so vielen Bildern, folgen. Sie mögen Gespräche mit Erwachsenen über das Gelesene und hören gespannt zu, wenn Erwachsene aus eigenem Erleben berichten.

GRUNDSCHULKINDER (6-10 JAHRE)

Am Beginn dieser Altersphase steht für die Kinder ein wichtiger Schritt: der Schuleintritt. Damit eröffnet sich ihnen eine neue Welt. Der Kreis um die Familie und das Zuhause zieht sich noch weiter. Wieder werden die Kinder ein Stück unabhängiger und selbständiger. Sie lernen lesen und haben jetzt die Möglichkeit, die Geschichten, die wir bis dahin erzählt oder vorgelesen haben, nachzulesen.

> Jetzt ist es in jedem Fall wichtig, dass Kinder eine eigene altersgemäße Kinderbibel haben.[9]

Für viele ist es spannend, die bekannten Geschichten selbst zu entdecken.

Grundschulkinder sind sehr an Fakten interessiert. Sie wollen wissen: Ist das wahr? Gab es das in echt? Haben die Menschen wirklich gelebt? Sie interessieren sich für Hintergründe und Orte.

> Es ist wichtig, sich genügend Zeit für Gespräche und gemeinsames Forschen nach Zusammenhängen zu nehmen.

Grundschulkinder fangen an, einen Sinn für Humor zu entwickeln. Sie erzählen meistens gern von ihrem Erleben und wollen hören, was Erwachsene zu einem bestimmten Thema denken. Ihre Konzentrationsspanne wird länger, sie können ausdauernder zuhören und sind fähig, über komplexe Themen nachzudenken. Sie fangen an, Symbole und ihre Bedeutung zu verstehen. So können wir gut mit ihnen gemeinsam über biblische Inhalte sprechen. Neben dem Erfassen der Geschichte können Kinder jetzt auch darüber hinaus nachdenken. Was bedeutet es, wenn Jesus Gleichnisse erzählt? Was ist damit gemeint? Hat das eine Bedeutung für uns heute? Wenn ja, welche?

Das Grundschulalter eignet sich dafür, die Kinder an das eigenständige Bibellesen heranzuführen. Sie sind in der Lage, die Bibeltexte in kleinen Abschnitten selbst zu lesen, um eigene Entdeckungen machen zu können. Außerdem ist es eine gute Gelegenheit, den Umgang mit der Bibel einzuüben. Und oft bemerken auch wir Erwachsenen erst dann die Details, wenn wir versuchen, uns mit allen Sinnen hineinzuversetzen.

9 Eine kleine Auswahl an Kinderbibeln finden Sie in den Literaturtipps.

So erging es mir mit der Geschichte aus Johannes 15 von der Auferweckung des Lazarus. Ich lese mit den Kindern aus unserer Gemeinde ein paar Verse aus dem Text, dann spielen wir die Szene nach. Wir kommen zu der Stelle, als Lazarus krank wird und die Schwestern, Maria und Martha, nach Jesus rufen lassen. Ein Kind spielt Jesus, die Schwestern lassen ihn rufen. Unser „Jesus" sagt: „Klar, ich komme gleich!"

Doch Halt! Ich rufe „Stopp!" Wir schauen in den Bibeltext. Die Kinder sind erstaunt: Jesus kommt nämlich nicht gleich, sondern er wartet noch zwei Tage ab. In dieser Zeit stirbt Lazarus. Die Kinder sind irritiert und ich merke, wie ihr bisheriges Bild von Jesus ein bisschen ins Wanken gerät: Wie? Jesus kommt gar nicht gleich? Warum denn das nicht?

Wir machen eine kurze Szenenpause und kommen ins Gespräch. Es kommt zu einem sehr spannenden Austausch über das Bild, das wir von Jesus haben, und der Schilderung, wie er uns auch ganz anders in der Bibel begegnet. Lazarus stirbt – und Jesus kommt in unseren Augen „zu spät". Beim Weiterlesen stellen wir fest, dass Jesus um seinen Freund Lazarus weint. Auch das ist vielen Kindern neu. Jesus ist doch eigentlich wie Supermann! Er ist doch der, der alles kann und immer zur Stelle ist, wenn man ihn braucht!

Hier lernen wir eine andere Seite von Jesus kennen. Eines der Kinder stellt fest, dass es doch toll ist, dass Jesus fühlt, wie wir Menschen fühlen. Und dennoch ist Jesus souverän, ihm gleitet das Geschehen nicht aus den Händen, er will noch etwas Größeres tun, als Lazarus „nur" gesund zu machen. Er zeigt sich als der Herr über Leben und Tod. Schließlich sprechen wir darüber, dass Jesus manchmal ganz anders handelt, als wir das denken, und dass er ein ganz eigenes Tempo hat in dem, wie er Dinge tut. Und er macht es gut! Die Übertragung der biblischen Botschaft in das Leben der Kinder fällt nach diesem Gespräch leicht.

Auch für das Grundschulalter ist es wichtig, Kindern biblische Texte erlebbar zu machen. Sie mögen es, sich zu verkleiden, Geschichten vorzuspielen oder eine Fotogeschichte zu machen. Sie lieben Geländespiele, Wettspiele, Kreatives und Witziges. Es ist gut, wenn Kinder erleben können, dass Gemeinde Spaß machen kann und dass sie mit ihren Bedürfnissen darin vorkommen.

Gerade bei sehr bekannten biblischen Geschichten ist unsere Kreativität gefragt. Wie können wir einen Überraschungsmoment einbauen? Vielleicht können wir die Geschichte erst mal „falsch“ erzählen oder aus der Sicht von einer Person, die das Ganze beobachtet hat. Vielleicht können wir mit den Kindern gemeinsam eine Art Fernsehreportage zum biblischen Ereignis machen oder einen Zeitungsartikel verfassen. Es lohnt sich auf jeden Fall, Gedanken und Kreativität zu investieren, denn oft schalten Kinder ab, wenn sie den Eindruck haben, dass sie das alles ja schon längst kennen. (In diesem Alter können Kinder auch sehr altklug sein ...)

Für Grundschulkinder haben Freundschaften eine zunehmende Bedeutung. Sie sind gerne unter Gleichaltrigen und unternehmen etwas oder spielen gemeinsam. Für sie ist die Freundschaft mit Gott und Jesus ein wichtiger Aspekt in ihrer Gottesbeziehung. Da ist jemand, der mich kennt, der mich mag und der mit mir durch „dick und dünn“ geht. Wir sollten die Kinder deshalb zum eigenständigen Gebet ermutigen: Gott hört dich, wenn du mit ihm sprichst. Du kannst ihm alles anvertrauen!

Im Grundschulalter werden Kinder kritischer gegenüber dem, was sie hören. Deshalb sollten wir jetzt besonders auf ihre Fragen und Zweifel hören und sie ernst nehmen.

!

Sie nehmen bewusster wahr, dass nicht alle Dinge gut ausgehen und dass es auf bestimmte Fragen keine leichten Antworten gibt.

Häufig merken Kinder in dieser Altersphase zum ersten Mal, dass nicht alle Menschen um sie herum Christen sind. Sie stellen fest, dass es andere Lebenskonzepte gibt und es nicht allen wichtig ist, den Glauben zu leben. Sie gehen allein, ohne Eltern, in andere Familien und beobachten dort, dass es andere Formen des Alltags- und Familienlebens gibt. Warum wird in der Familie meiner Freundin nicht vor dem Essen gebetet? Warum tun wir das eigentlich? In der Schule wird unterschieden zwischen katholischem und evangelischem Religionsunterricht. Warum gehen einige Klassenkameraden zu dem anderen Lehrer bzw. Pfarrer? Womöglich gibt es auch Kinder, die nicht am Religionsunterricht teilnehmen. Warum ist das so? Daraus ergeben sich viele Fragen, die an späterer Stelle noch zur Sprache kommen werden.

Bei älteren Grundschulkindern beginnt bei einigen schon der Ablöseprozess von den Eltern. Manche Kinder wollen nicht mehr das tun, was ihre Eltern gut finden. Deshalb an dieser Stelle ein kleiner Einschub:

WAS IST, WENN KINDER NICHT MEHR ZUM (KINDER-)GOTTESDIENST GEHEN WOLLEN?

Eindrücklich sind mir die Gespräche mit Eltern im Ohr, die mir berichten, dass ihre Kinder nicht mehr mit in den Gottesdienst oder Kindergottesdienst gehen wollen. Sie finden das Programm dort zu langweilig, es „fühlt sich an wie Schule“ oder die Gottesdienstzeit kollidiert schlichtweg mit dem Fußballspiel. Da ist viel Weisheit und Einfühlungsvermögen gefragt, denn beide Seiten haben gute Argumente. Da sind einerseits die Kinder, die nach eigenen Entscheidungen und eigenen Prioritäten streben und die wir ja auf dem Weg in die Eigenständigkeit begleiten und ermutigen wollen. Auf der anderen Seite stehen die Eltern, die gerne am gemeinsamen Gottesdienstbesuch festhalten wollen, weil sie Wert legen auf gemeinsam gelebten Glauben in der Familie. Wie kann man diese Positionen zusammenbringen? Sicherlich gibt es kein Patentrezept. Aber vielleicht helfen folgende Fragen: Woran liegt es, dass die Kinder nicht zum Gottesdienst wollen? Ist das Programm angemessen und altersgemäß? Gibt es Probleme mit Mitarbeitern oder anderen Kindern?

Oder wollen die Kinder gerade prinzipiell immer das Gegenteil von dem, was wir Eltern wollen?

> Kinder sind oft ein Spiegel für unsere eigene Haltung.

Vielleicht sollten wir uns zuerst fragen, was wir selbst ausstrahlen, wenn es um den Gottesdienstbesuch geht. Was ist meine Motivation? Ist der Gottesdienst ein Pflichttermin, den ich sonntags abhake? Oder erwarte ich, dass es eine Möglichkeit zur Gottesbegegnung ist? Freue ich mich auf den Gottesdienst und die Menschen in der Gemeinde? Bin ich beteiligt oder erwarte ich, dass mir ein gutes Programm geboten wird? Und wenn das in meinen Augen nicht gelungen ist – lasse ich dann den Frust darüber hörbar werden?

Meiner Beobachtung nach ist eine solche Diskussion für Familien, die sehr regelmäßig in den Gottesdienst gehen oder Gemeindeveranstaltungen besuchen, weniger ein Konfliktthema. Klare Absprachen und Regeln helfen auch hier, Streit zu vermeiden. Das muss nicht heißen – gerade bei größeren Kindern –, dass es jeden Sonntag Pflicht sein muss, in die Gemeinde zu gehen. Wenn der Gottesdienstbesuch z. B. mit Sportterminen kollidiert, ist es auf jeden Fall sinnvoll, hier einen tragfähigen Kompromiss zu suchen. Allerdings ist es ratsam, das in aller Ruhe vorher zu diskutieren und eine Vereinbarung zu treffen und nicht erst am Sonntagmorgen am Frühstückstisch. Denn wenn ich jeden Sonntagfrüh mit meinen Kindern in eine Diskussion einsteige, ob wir in die Gemeinde gehen oder nicht, schaffe ich ein – in meinen Augen – vermeidbares Stresspotenzial.

> Für Kinder ist es ein wichtiger Lernprozess, dass nicht immer alles nach „Lust und Laune“ entschieden wird.

Kinder sollten lernen, an einer Sache dranzubleiben, auch wenn der Spaß- und Lustfaktor erst einmal nicht so hoch scheint. Das gibt es auch in vielen anderen Bereichen des Lebens: Wer hat schon immer Lust, in die Schule zu gehen, zum Fußballtraining oder zum Musikunterricht? In jeder Situation gibt es Phasen, wo Durchhalten angesagt ist.

Verstehen Sie mich bitte nicht falsch: Es geht mir nicht um eine Haltung des „Du musst um jeden Preis“, sondern um das Einüben guter Gewohnheiten. Meiner Erfahrung nach kann die Motivation zur Gemeinde auch wachsen. Wenn die Kinder regelmäßig an den Gemeindeveranstaltungen teilnehmen, werden ihnen die Abläufe vertrauter und geben ihnen Sicherheit. Sie können Beziehungen zu anderen Kindern und Mitarbeitenden aufbauen.

Natürlich geht es auch um die Qualität des Angebots für Kinder: Gibt es Mitarbeitende, die ein Herz für die Kinder haben und sich mit viel Liebe und Motivation um sie bemühen? Sind Mitarbeiter nach ihren Gaben im Kinderbereich eingesetzt? Wie gewinnen wir als Gemeinde Mitarbeiter und wie fördern wir sie? Welches Material, welche Möglichkeiten stehen zur Verfügung? Investiert die Gemeinde in Schulungen und Seminare für die Mitarbeiter? Wo ist evtl. mein eigener Einsatz gefragt?

Es kann also sehr vielschichtige Ursachen haben, wenn Kinder nicht am Gottesdienst oder Kindergottesdienst teilnehmen wollen.

ERLEBTES

Ich erinnere mich an ein Gespräch mit Eltern zweier Jungs, die nicht mehr zum Kinderprogramm in unserer Gemeinde kommen wollten. Im Gespräch kam heraus, dass ich sie als Mitarbeiterin sehr an ihre Lehrerin erinnerte und sie am Sonntag (verständlicherweise!) keine Lust auf Schule hatten. Als ich über die Gestaltung unserer Stunden nachdachte, fiel mir auf, dass die Inhalte oft sehr „schulisch" waren (zuhören, still sitzen, Arbeitsblätter, Rätsel ...). Ich musste mich selbst hinterfragen, wie wir das Programm attraktiver gestalten könnten, indem wir mehr Erlebnismomente einbauten oder mehr Möglichkeiten zur Mitbestimmung schafften. Wir waren glücklicherweise in unserer Gemeinde in der komfortablen Lage, genug Mitarbeitende zur Verfügung zu haben. So beschlossen wir, nach einem gemeinsamen inhaltlichen Teil mit allen Kindern Neigungsgruppen anzubieten. Eine Gruppe konnte basteln oder das Gehörte kreativ verarbeiten; andere konnten ein passendes Spiel ausprobieren; wieder andere (meistens die Jungs!) durften auf dem Hof mit einem Mitarbeiter Fußball spielen, sich dabei unterhalten, Spaß haben und Gemeinschaft erleben. Die Familie der oben erwähnten Jungs war über diese Veränderung sehr glücklich. Dadurch waren die Jungs wieder motiviert, zu uns in die Gemeinde zu kommen, und sie hatten sichtbar Spaß bei den Aktivitäten.

Vielleicht sind unsere Angebote manchmal auch zu sehr auf die Bedürfnisse von Mädchen ausgerichtet. Jungen, die meist (nicht immer) einen größeren Bewegungsdrang haben, brauchen auch den Raum dafür. Wir sollten mehr darauf achten, dass wir auch diesen Bedürfnissen begegnen können. Leider ist es häufig so, dass die Mitarbeitenden im Kindergottesdienst größtenteils Frauen sind. Da gilt es zu überlegen, wie man Männer für die Mitarbeit gewinnen kann. Das würde sicherlich dazu beitragen, die Stunden für Jungs interessanter zu gestalten. Zudem hätten sie mit männlichen Mitarbeitern auch noch andere konkrete Vorbilder im Glauben.

Eine andere Familie hat mit ihren Kindern eine Abmachung getroffen: Zwei Sonntage im Monat gehen wir in den Gottesdienst, die anderen beiden begleiten wir euch zum Fußballplatz. Das hat gut geklappt und war für alle ein machbarer Kompromiss.

Insgesamt rate ich zur Gelassenheit. Wenn ein Kind gerade nicht zum Gottesdienst gehen möchte, heißt das ja nicht, dass es gleich für alle Zeit für den Glauben verloren ist. Vielleicht braucht es diese Phase der Unabhängigkeit und des Selbstbestimmens. Viel wichtiger erscheint mir, den Gesprächsfaden (auch über Fragen des Glaubens) nicht zu verlieren.

Manchmal braucht es ein gutes Gespür von Eltern, wo durch strikte Regeln („Du gehst mit zum Gottesdienst. Da gibt es nichts zu verhandeln!“) mehr Schaden angerichtet wird oder wo eine gewisse Gelassenheit angebracht wäre.

!

Unsere eigenen Kinder waren oft nach gemeinsamen Gemeindehighlights (Freizeiten, besondere Feste ...) wieder neu motiviert für die sonntäglichen Gottesdienste. Dort trafen sie auf ihre Freunde, die gemeinsamen Erlebnisse hatten die Freundschaften wachsen lassen oder sie hatten einzelne Mitarbeiter intensiver kennengelernt.

Ich kenne Familien, die wegen der Kinder die Gemeinde gewechselt haben. Um die Familie nicht sonntags zu splitten, wechselten die Erwachsenen um der Kinder willen in eine für sie „familienfreundlichere“ Gemeinde. Das kann im Einzelfall auch eine Lösung sein. Für Familien, die neu eine Gemeinde suchen, ist es also ein wichtiges

Kriterium, wo die Kinder sich wohlfühlen und vielleicht ein dem Alter angemessenes Programm erleben können. Manchmal kann sich die Suche mühsam gestalten, besonders wenn sich die Gemeindeauswahl in Grenzen hält. Wie gesagt – die Situation ist bei jeder Familie anders, aber ich möchte Sie ermutigen, nach kreativen Ideen Ausschau zu halten. Es lohnt sich auf jeden Fall!

Sehr wichtig ist mir noch zu betonen, dass wir uns als Eltern und Gemeindemitarbeiter gegenseitig ermutigen und nicht den Stab über andere brechen, bei denen es nicht zu gelingen scheint. Wir sollten lieber das Ringen und manchmal auch das Leiden der anderen wahrnehmen, als mit vorschnellen Rezepten und Ideen zur Stelle zu sein. Manchmal liegt es einfach auch an ungünstigen Strukturen, die dazu beitragen, dass manche Kinder die Motivation für die Gemeinde verlieren. In unserer Gemeinde gab es beispielsweise vor ein paar Jahren in einer Kindergottesdienstgruppe einen regelrechten „Mädchenüberschuss". Dementsprechend war das Programm gestaltet. Sie können es sich sicher vorstellen – als dann ein Junge in die Gruppe kam, war es für ihn sehr schwer hineinzufinden. Schon bald wollte er nicht mehr teilnehmen. Dass die Gruppenkonstellation nun mal so war, konnten wir nicht so einfach ändern. So gab es einige Zeit kein passendes „Angebot" für diesen Jungen. Wir waren sehr froh, dass er dennoch mit seinen Eltern den Kontakt zur Gemeinde suchte und später sehr fröhlich in einer Teenagergruppe, in der auch andere Jungs waren, seinen Platz fand.

Eine kurze Zusammenfassung der Altersphasen und Themen:

6-8 Jahre:

Die Kinder werden unabhängiger und selbständiger. Sie stellen Fragen über Gott und die Welt. Sie sind gute Beobachter und lernen von Menschen ihrer Umgebung, wie Glaube gelebt werden kann. Geeignete Themen für dieses Alter sind biblische Geschichten, in denen Menschen Jesus begegnen und ihr Leben dadurch Veränderung erfährt (z. B. Zachäus, Frau am Jakobsbrunnen ...). Ebenfalls gut geeignet sind biblische Geschichten, in denen es um Freundschaft geht (z. B. David und Jonathan, Jesus will dein Freund sein, Jesus mit Petrus, Johannes und Jakobus ...). Die Kinder brauchen Vorbilder, die ihnen zeigen, wie der Glaube an Gott konkret gelebt werden kann. Das sind Menschen, die von ihrem Glauben erzählen und auch von ihren Höhen und Tiefen berichten (biblische Geschichten dazu: König David, der Gutes tut, aber auch scheitert; Daniel, der mit seinen Freunden mutig für seinen Glauben einsteht ...).

9-10 Jahre:

Die Kinder verstehen immer mehr biblische Symbole und Sakramente. Sie brauchen verstärkt Vorbilder, die ihnen helfen zu verstehen, wer Gott ist, was er möchte und wie eine Verbindung mit ihm aussehen kann. Geeignete Themen: Gottes Gebote und Regeln (Wozu sind sie da und was bedeuten sie heute?). In dieser Altersphase können Kinder den eigenständigen Umgang mit der Bibel einüben. Sie mögen weiterhin spannende Geschichten und Lieder, die ihnen Glaubenszusammenhänge aufzeigen. Sie lernen schnell auswendig und können ermutigt werden, bspw. das Vaterunser oder Bibelverse auswendig zu kennen.

6 | Zusammenfassung

Abschließend können wir feststellen, dass es in jeder Entwicklungsstufe Möglichkeiten gibt, Kinder mit Gott in Verbindung zu bringen. In vielen Dingen geben wir als Eltern, Großeltern, Paten oder Gemeindemitarbeiter in diesen ersten Lebensjahren unseren Kindern entscheidende Prägungen mit auf ihren Weg. Auch für den Glauben unserer Kinder sind diese Jahre sehr wichtig.

Wir sollten diese Möglichkeiten nutzen, um unseren Kindern von Gott zu erzählen, ihnen den Glauben lieb und wichtig zu machen und sie vor allem durch unsere Gebete zu begleiten.

Dabei ist es wichtig, dass wir darauf achten, dass Kinder in aller Freiheit mit dem Glauben in Berührung kommen können. Wer mit Kindern umgeht, weiß, dass sie oft schnell für eine Sache zu begeistern sind. Das birgt die Gefahr, Kinder zu manipulieren oder sie auf unangemessene Weise zu beeinflussen. Keine Frage, wir wollen ihnen den Glauben lieb und wertvoll machen, dennoch müssen wir ihnen auch die Freiheit zugestehen, sich selbst zu entscheiden. Das kann dann womöglich auch bedeuten, dass sie sich im Laufe ihrer Entwicklung gegen den Weg des Glaubens oder gegen die Gemeinde entscheiden. Das ist dann oft schmerzlich für Eltern oder Kindermitarbeitende, manchmal bleibt nur der Trost, dass bei Gott nichts verloren geht, denn Gottes Möglichkeiten sind unbegrenzt. Wir dürfen und sollten weiterhin jederzeit im Gebet für Kleine und Große eintreten, auch wenn manchmal nichts für unsere Augen Sichtbares passiert.

Wir hatten als Familie einige Zeit Kontakt zu einer älteren Frau aus der Nachbarschaft, die an Demenz erkrankt war. Sie konnte sich nicht mehr selbst äußern. Im Verlauf der Krankheit mussten wir sie häufig nach Hause begleiten, weil sie den Weg nicht mehr gefunden hätte. Sie wusste weder ihren noch unseren Namen, kein Datum und keine Uhrzeit. Doch es war sehr beeindruckend, dass sie jedes Mal, wenn sie bei uns im Wohnzimmer saß, die Gitarre aus der Ecke nahm und laut alte Kirchenlieder sang, zu denen sie sich selbst begleitete. Dieser Teil ihrer Erinnerung aus der Kindheit und Jugend war auch bei fortgeschrittener Krankheit präsent und abrufbar. So weiß man ja aus der Hirnforschung, dass im Alter häufig das Gedächtnis für die frühen Erinnerungen gut erhalten bleibt. Uns hat das sehr berührt und gezeigt, wie wichtig die frühe Prägung ist. Nichts ist verloren, auch nicht der Glaube, der früh schon das Leben dieser alten Dame geprägt hat. Sie konnte trotz Krankheit in der Musik Gottes Nähe und Trost erleben. Beim Singen formten sich Worte, die sie sonst eigentlich nicht mehr sprechen konnte.

Dieses Beispiel hat mich sehr ermutigt, dass ich andere Menschen nicht aufgebe, weil Gott sie auch niemals aufgibt.

Es lohnt sich, Zeit und Kraft zu investieren, denn nichts geht verloren. Wir haben einen Gott, der uns bis ins hohe Alter trägt und begleitet.

!

Es lohnt sich immer, Kraft und Liebe in die Beziehung und die Gespräche mit anderen Menschen – gerade auch mit Kindern – zu stecken.

Dabei ist es wichtig, dass die Betonung auf der Beziehung liegt, die durch das Gespräch gepflegt wird. D. h. wir sollten darauf achten, mit ihnen wirklich und echt im Gespräch zu sein und nicht nur Antworten und Erklärungen zu bieten. Unser Wunsch ist es ja, dass die Kinder nicht nur bloße „Richtigkeiten" oder „Standpunkte" über den Glauben wissen und vertreten, sondern dass sie eine persönliche Herzensbeziehung zu Gott beginnen. Wir wünschen uns, dass sie merken, dass die Themen der Bibel Alltagsthemen sind, die bis heute eine Bedeutung haben. Alles, was sie erleben (Streit, Freundschaft, Abschied nehmen, Versagen, Ängste, Freude, Gelingen, Mutigsein ...), kommt auch in der Bibel vor und kann dadurch auch für ihr Leben und für ihre Beziehungen zu anderen Menschen Bedeutung haben.

Dieses Hineinwachsen in eine Gottesbeziehung können wir als Eltern natürlich nicht „machen". Auch hier ist das Eingreifen von Gottes Geist entscheidend, der die Herzen unserer Kinder berührt, sie anspricht und verändert. Dennoch ist es wichtig, dass unseren Kindern auch Erwachsene – Eltern, Paten, Großeltern, Freunde, Gemeindemitarbeiter – zur Seite stehen, die sie anleiten, für sie beten und ihnen Vorbilder und Gesprächspartner sind.

Teil 2
Kinder fragen uns

1 | Einleitung

Endlich kommen wir bei dem an, was Sie vermutlich am meisten interessiert und worauf Sie schon gewartet haben: Was sage ich denn nun, wenn mein Kind mich dieses oder jenes fragt?

Ich hoffe, dass bisher schon deutlich geworden ist, dass die Fragen unserer Kinder nicht „pauschal" beantwortet werden können, gemäß dem Motto: Hier die Frage – da die passende Antwort. So ein Prinzip erscheint mir oberflächlich und wird dem Fragenden oft nicht gerecht. Dennoch gibt es natürlich Grundlinien, auf die ich in diesem Teil des Buches eingehen möchte. Sie können die folgenden Themen gerne durcheinander, sozusagen nach Bedarf lesen. Nicht jedes Thema ist zu jeder Zeit aktuell für die Kinder, die Sie gerade vor Augen haben.

So manches Mal fordern uns die Kinderfragen ganz schön heraus, gerade wenn es sich um die tief gehenden Fragen nach dem Leben und seinem Sinn handelt.

Manchmal gibt es nicht die „richtige“ Antwort, aber wenn wir uns als Christen den Fragen stellen, gibt es doch Richtungen, die uns die Bibel oder auch die Männer und Frauen der Kirchengeschichte aufzeigen.

In dieses Wissen und die Erfahrungen können wir Kinder mit hineinnehmen.

Beim Schreiben habe ich mich in der Spannung erlebt, wie ich einen biblischen Zusammenhang kindgemäß erklären kann. Oft berühren die Fragen Themen, über die sich schon Generationen von Theologen die Köpfe zerbrochen haben und manche Gemeinde sich gespalten hat. Wie werde ich dem Fragenden, aber auch dem Thema gerecht, ohne zu oberflächlich damit umzugehen?

Die folgenden Gedanken erheben deshalb nicht den Anspruch der Vollständigkeit einer umfassenden theologischen Betrachtung. Die Impulse setzen sich zusammen aus dem Blick in die Bibel, meinen eigenen Erfahrungen und aus den Gesprächen mit Kindern und anderen Erwachsenen, die mit Kindern in Glaubensfragen unterwegs sind.

2 | Rund um Advent und Weihnachten

Warum feiern wir Weihnachten? Warum schenken wir uns was, obwohl doch Jesus Geburtstag hat? Warum kommt Gott als Baby auf die Welt? Warum in einem Stall? Warum gibt es den Weihnachtsmann? Wer bringt die Geschenke – der Weihnachtsmann, das Christkind oder die Eltern?

Weihnachten ist das beliebteste Fest in unserem Land. Auch Menschen, die sich als kirchenfern bezeichnen, feiern Weihnachten mit allen Traditionen, die wir kennen. Nicht selten gehört dazu auch der Kirchgang. Es ist zu beobachten, dass die Kirchen am Heiligen Abend übervoll sind wie an keinem anderen kirchlichen Feiertag sonst. Woran liegt das?

Kinder (und auch viele Erwachsene) lieben die Advents- und Weihnachtszeit meist sehr. Sie mögen die kleinen und großen Geheimnisse, die festlich geschmückten Zimmer, Weihnachtsgebäck, Lieder und natürlich die Geschenke. Vielleicht „bedient" das Weihnachtsfest die Sehnsucht nach einer heilen und friedvollen Welt. Wenigstens für ein paar Tage im Jahr heißt es abschalten von den Problemen dieser Welt. Umfragen zeigen aber auch, dass dies leider oft nicht gelingt. An den Feiertagen gibt es den meisten Streit und Krach in den Familien. Und schnell stellt sich die Ernüchterung ein, wenn man feststellen muss, dass auch die Sorgen und Ängste nach den Feiertagen noch die gleichen sind. Wie begehen wir also dieses Fest, mit dem so viele Erwartungen verknüpft sind? Und wie kommen wir dahin, den wirklichen Sinn von Weihnachten wieder zu erfassen und zu gestalten?

In unserem Kulturkreis haben sich viele Bräuche rund um das Weihnachtsfest entwickelt. Da müssen wir genau hinschauen: Was steckt hinter den Bräuchen? Führt es zum biblischen Ereignis hin oder führt es uns eher weiter weg? Welche Bräuche wollen wir als Familie und Gemeinde übernehmen, welche eher nicht?

Nehmen Sie sich einmal die Zeit, mit Ihren Kindern in der Adventszeit die biblischen Berichte aus Lukas 2 und Matthäus 2 zu lesen. Schnell werden die Kinder feststellen, dass es keinen Weihnachtsbaum und auch keinen Weihnachtsmann in der Bibel gibt. Übrigens gibt es auch keinen „Ochs und Esel" – die Tiere wurden erst später zur Krippe hinzugefügt. Jesus wurde vermutlich in einem Stall oder in einer Art Höhle geboren. In der Bibel heißt es:

„In Bethlehem kam für Maria die Stunde der Geburt. Sie brachte ihr erstes Kind, einen Sohn, zur Welt. Sie wickelte ihn in Windeln und legte ihn in eine Futterkrippe im Stall, denn im Gasthaus hatten sie keinen Platz bekommen." (Lukas 2,6-7)

Dieser kurze Abschnitt bietet Möglichkeiten zum Gespräch. Fragen Sie die Kinder nach ihrer Meinung: Warum kommt Jesus unter so schwierigen Umständen zur Welt, wenn er doch Gottes Sohn ist? Welche Hinweise gibt uns der Bericht, dass Jesus ein besonderes Kind sein würde?

Vielleicht kommen Sie dann gemeinsam mit den Kindern auf folgende Gedanken:

Die Geburt von Jesus und die Umstände dazu zeigen uns, dass Gott wirklich unter den Menschen „wohnen" wollte. Er wollte den Menschen gleich sein – als Baby mit allen Bedürfnissen, die ein Baby hat. Ich versuche im Gespräch immer deutlich zu machen, dass Jesus wirklich als Mensch gekommen ist, nicht als eine Art „Geistwesen". Er wurde gefüttert, er machte in die Windeln und arbeitete später vermutlich mit seinem menschlichen Papa Josef in der Zimmermannswerkstatt. Gott kam auf andere Art in die Welt, als die Menschen es damals erwarteten. Die Juden warteten schon seit vielen, vielen Jahren auf den Retter, den Messias, den Erlöser. Viele stellten ihn sich als machtvolleren und prächtigeren Herrscher vor. Doch Gott kam anders; er wollte den Menschen nahe sein. Und wie geht das besser, als selbst ein Mensch zu werden?

Das ist die Hauptbotschaft an Weihnachten: Gott wird Mensch.

Jesus war der Sohn von Maria und Josef, aber auch der Sohn von Gott. Das machte ihn zu einem besonderen Kind. Das war schon vor seiner Geburt klar. Seine Mutter Maria war nicht mit Josef verheiratet und wurde trotzdem schwanger. Erst ein Engel konnte Josef überzeugen, bei Maria zu bleiben und für die kleine Familie zu sorgen.

Vielleicht hier ein kleiner Einschub zum Thema der Jungfrauengeburt: Bei Kindern, die noch nicht zur Schule gehen, würde ich auf die Jungfrauengeburt nicht ausdrücklich eingehen. Ihnen „reicht" es oft, wenn ich sage, dass Maria und Josef nicht verheiratet waren und dass Maria trotzdem ein Baby im Bauch hatte. Das zeigte allen Menschen, dass dieses Kind ein besonderes Kind sein würde. Das Kind in Marias Bauch war das Kind von Gott und Josef war trotzdem auch der Papa, der sich um die kleine Familie kümmerte.

Schulkinder denken da schon weiter. Durch die Aufklärung im Elternhaus und in der Schule wissen sie, dass eine Frau nicht verheiratet sein muss, um schwanger zu werden. Mit ihnen kann man gut über die damaligen Verhältnisse sprechen. Es war in der Tradition völlig unüblich und nicht erwünscht, dass Mann und Frau vor der Ehe miteinander Geschlechtsverkehr hatten. Wenn es doch dazu kam, wurde meist die Frau als unehrenhaft verstoßen. Kein Mann wollte sie mehr heiraten, da sie nicht mehr als „rein“ galt. Durch dieses Wissen wird die Ungeheuerlichkeit deutlich, mit der Josef konfrontiert war. Er war nie mit Maria zusammen – und dennoch erwartete sie ein Kind. Das konnte für ihn nur heißen, dass sie ihn als ihren Verlobten betrogen hatte und ein anderer Mann der Vater des Kindes sein musste. Gott musste Josef erst im Traum begegnen, um ihm die wahren Zusammenhänge klarzumachen – dass das Kind in Marias Bauch von Gott selbst ins Leben gerufen worden war. Josef war Gott gehorsam und stellt sich zu Maria und dem Baby.

Diese außergewöhnlichen Umstände zeigen, dass Jesus ein besonderer Mensch war. Ich glaube, es war kein Zufall oder ein Versehen, dass Jesus

auf diese Weise in die Welt kam. Jesus sollte schon als kleines Kind nahe bei den Menschen sein und das erleben, was sie erlebten. Deshalb kann er uns gut verstehen, wenn wir mit ihm durch unser Gebet reden. Er kennt die Sorgen und Nöte der kleinen und großen Menschen. Die Umstände seiner Ankunft in unserer Welt waren alles andere als rosig. Da kann man kaum von einer „heilen" Welt reden: Maria schwanger, ohne verheiratet zu sein. Joseph, der am liebsten alles hingeworfen hätte. Die ärmlichen Umstände, kein „Platz in der Herberge". Ein Herrscher, der Jesus am liebsten schon als Baby töten lassen wollte. Das ist wahrlich keine Erfolgsgeschichte, wenn wir es mit unseren Augen betrachten. Dennoch liegt in dem ganzen Geschehen die wunderbare Botschaft: Gott ist Mensch geworden und wollte den Menschen gleich sein. Er kam mitten hinein in alle Schwierigkeiten der damaligen Gesellschaft, in die Armut und die schwierigen Umstände. Ich finde, Weihnachten zeigt sehr viel von Gottes Wesen. Gott beseitigt nicht mit einem Fingerschnipsen alle Widrigkeiten, sondern er kommt mitten hinein, stellt sich dazu und gibt dadurch den Menschen neue Hoffnung. Wenn wir das bei unserem heutigen Weihnachtsfest nicht vergessen, erfassen wir etwas von dem wahren Sinn und können dies trotz aller Geschenkeflut und der Dinge, die uns ablenken, an unsere Kinder weitergeben.

WAS BEDEUTEN ADVENT UND ADVENTSKRANZ?

Im Kirchenjahr beginnt die Weihnachtszeit mit dem 1. Advent und endet am 6. Januar mit dem Epiphaniasfest. Advent bedeutet so viel wie „Ankunft".

Gott kommt in dieser Welt an – darauf warten wir im Advent.

Die Adventszeit bietet viele Möglichkeiten der Gestaltung dieses frohen „Erwartens". Für Kinder heißt es geduldig zu sein. Da ihnen das oft schwerfällt, kam 1839 in Hamburg ein Pastor namens Johann Hinrich Wichern in einer Einrichtung für obdachlose Jugendliche auf eine Idee: Er „erfand" den Adventskranz. Zunächst handelte es sich um ein Wagenrad, auf dem 19 kleine und 4 große (für die Sonntage) Kerzen angebracht waren. Jeden Tag wurde nun eine

Kerze mehr angezündet. Es war klar: Wenn alle Kerzen brannten, dann war Weihnachten. Bis heute gibt es diese Tradition des Adventskranzes, mittlerweile meist mit vier großen Kerzen, für jeden Adventssonntag eine. In unserer Gemeinde erzählen wir jedes Jahr im Advent die Geschichte von Johann Hinrich Wichern. So verstehen die Kinder den Hintergrund dieser Tradition und lernen, wie man eine Wartezeit gestalten und bewusst erleben kann.

Abwarten ist in der heutigen Gesellschaft oft nicht angesagt. Schon ab September finden wir in den Supermärkten Lebkuchen und Spekulatius. Da finde ich es eine gute Übung für uns als Familie, wenn wir zunächst auf Weihnachtsgebäck verzichten und die Zeit bis zum Advent abwarten. Dieses Warten-Müssen auf etwas Großes und Besonderes unterstreicht das Herausragende des Weihnachtsfestes. An Weihnachten wurde Weltgeschichte geschrieben. Alle Geschehnisse davor und danach werden bis heute in „vor Christus" und „nach Christus" eingeteilt. Das beeindruckt gerade Schulkinder sehr, denn hier trifft der Glaube bzw. die Religion auf die Ereignisse der „weltlichen" Geschichtsschreibung. Die Adventszeit war ursprünglich als eine Zeit zur inneren Vorbereitung gedacht. In früheren Jahrhunderten war sie ähnlich wie die Passionszeit eine Fastenzeit.

!

Es liegt eine große Chance darin, das „Warten" mit den Kindern zu gestalten.

Vielleicht gibt es Möglichkeiten, regelmäßig Adventsnachmittage in der Familie zu gestalten – mit Vorlesen, Plätzchen naschen, Adventslieder singen und sich Zeit zum Gespräch nehmen. Eine schöne Idee, die mittlerweile von vielen Gemeinden aufgegriffen wird, ist der „Lebendige Adventskalender". Diese Aktion stelle ich ausführlich im Teil 3, „Praxiserprobt", vor. Ich weiß, dass das oft nicht einfach ist. Häufig genug ist die Zeit vor Weihnachten geprägt von Hektik und vielen Terminen. Hier noch ein Klassenfest, da die Aufführung der Musikschule oder diese und jene Weihnachtsfeier. Da müssen wir uns bewusst für gemeinsame Zeiten entscheiden, gut planen, das eine oder andere vielleicht auch sein lassen und die freien Zeitfenster nutzen.

Einige Familien holen schon zu Beginn der Adventszeit die Krippenfiguren hervor und gestalten einen „Weg zur Krippe“. Maria und Josef sind unterwegs. Der Stall befindet sich in einer anderen Ecke des Raumes und jeden Tag rücken Maria und Josef ein Stückchen voran, bis sie im Stall ankommen. An Heiligabend kommen dann das Baby in der Krippe, die Engel und die Hirten dazu. Am 6. Januar schließlich treffen die Weisen aus dem Morgenland ein. So können die Kinder den Weg zur Krippe „mitgehen“.

WIE GEHEN WIR MIT DEM THEMA „GESCHENKE“ ODER „WEIHNACHTSMANN“ UM?

Wenn man in die Kaufhäuser und Werbeprospekte schaut, hat man den Eindruck, das Allerwichtigste an Weihnachten seien die Geschenke. Oft tappe ich selbst in diese Falle und jage hinter irgendetwas her, was unbedingt noch besorgt und verschickt werden muss. Keine Frage – für Kinder und auch für viele Erwachsene sind Geschenke toll. Ein lieber Mensch überlegt sich etwas für mich, um mir damit eine Freude zu machen! Was für eine schöne Überraschung!

Wenn es an Weihnachten den richtigen Stellenwert hat, ist auch gar nichts dagegen zu sagen. Wir persönlich sagen unseren Kindern, dass die Geschenke von Mama und Papa (oder Oma und Opa, Tante und Onkel ...) sind. Wir freuen uns an Weihnachten so sehr über die Geburt von Jesus, dass wir uns gegenseitig eine Freude machen wollen.

Gott macht uns in Jesus ein Geschenk; deshalb beschenken wir uns aus lauter Freude darüber gegenseitig.

Von den Weisen aus dem Morgenland wissen wir, dass auch sie Geschenke mit zur Krippe gebracht haben („Gold, Weihrauch und Möhren“, wie eine unserer Töchter bemerkte). Die Geschenke der Weisen lassen sich gut erklären und weisen noch mal auf die Besonderheit des Kindes in der Krippe hin. Gold war ein Geschenk für einen König. Hiermit wird die Bedeutung der Königsherrschaft von Jesus deutlich. Weihrauch ist ein Symbol der Gottesverehrung. Als Geschenk für Jesus zeigt es, dass es sich bei diesem Kind um etwas Besonderes, etwas Göttliches handelt. Und Myrrhe schließlich wurde als Medizin genutzt. Manche Ausleger interpretieren dies so, dass der Sohn Gottes als Mensch gekommen ist, um für die Menschen da zu sein. Mit dem Schenken an Weihnachten befinden wir uns also in guter Gesellschaft.

Wie aber halten wir es mit dem Weihnachtsmann? Dazu gibt es sicherlich viele Meinungen. Ich persönlich muss zugeben, dass ich Mühe habe mit diesem älteren Herrn mit weißem Bart. Besonders dann, wenn diese Figur als Autoritätsperson herhalten muss und mit der Rute Kindern droht, um ein nicht gewolltes Verhalten anzuprangern. Der Weihnachtsmann, wie wir ihn heute kennen, geht vor allem auf die europäischen Volkslegenden um den Bischof Nikolaus von Myra zurück. Im Laufe der Zeit – und mithilfe geschickter Werbestrategien – hat sich daraus die Figur mit dem roten Mantel und dem weißen Rauschebart entwickelt.

Im Mittelalter wurden Kinder am 6. Dezember (dem Nikolaustag) beschenkt. Martin Luther war es, der sich dafür aussprach, das Schenken auf die Weihnachtstage zu verlegen. Er wollte damit die Heiligenverehrung eindämmen und stattdessen auf das „Christkind“ (Jesus) hinweisen. Daraus wiederum haben sich ebenfalls verschiedene Traditionen entwickelt. In manchen Gegenden ist es beispielsweise das Christkind, das die Geschenke bringt.

Die Legenden um den Heiligen Nikolaus faszinieren Kinder und helfen ihnen, die Bräuche zu verstehen, z. B. den des gefüllten Stiefels oder Tellers am 6. Dezember. Bei all diesen Geschichten und Legenden würde ich immer unterscheiden, was wahr ist und was sich Menschen ausgedacht haben. Dass Nikolaus in Myra gelebt hat, ist eine historische Tatsache. Was er dort Gutes getan hat, gehört häufig in das Reich

der Legenden. Ähnlich wie bei Märchen unterscheiden Kinder gut, was „nur“ Geschichten und was wahre Ereignisse sind. Es steht außer Frage, dass in vielen Geschichten „Wahrheiten“ stecken und viel über das Menschsein aussagen. Dennoch würde ich mit Kindern diese Unterscheidung besprechen. Die Legenden rund um das Leben von Bischof Nikolaus sind in jedem Fall erzählenswert. Alle Geschichten haben gemeinsam, dass sie betonen, wie sehr Nikolaus sich für Menschen in Not einsetzte. Sein Antrieb war es, Gott die Ehre zu geben und ihm zu dienen.

Im 15. Jahrhundert entwickelte sich – als ein Beispiel – die Legende von den Getreidehändlern. Bei einer Hungersnot in Myra erbat Bischof Nikolaus von jedem Handelsschiff, das in den Hafen kam, 100 Scheffel Getreide für die hungernden Menschen. Er versicherte den Händlern, dass ihnen trotz dieser zusätzlichen Abgabe kein Getreide fehlen würde. Dies würde durch sein Gebet so geschehen. Der Legende nach kam kein

Händler mit zu wenig Getreide im Zielhafen an und die Menschen in Myra hatten für viele Jahre genug zu essen.

So gibt es viele Legenden um den heiligen Nikolaus, die sein gottesfürchtiges und sozial engagiertes Leben zeigen. Die Tradition, am 6. Dezember die Stiefel vor die Tür zu stellen und auf gute Gaben zu hoffen, beruht ebenfalls auf einer solchen Legende. Nikolaus wurde von den Seeleuten als Schutzpatron verehrt. Auf vielen Schiffen gab es Bildnisse von ihm. So entstand im 15. Jahrhundert der Brauch, sogenannte „Nikolausschiffchen“ zu basteln. Dort hinein wurden Äpfel und Nüsse als Geschenke für die Kinder gelegt. Später wurden dann aus den Schiffchen Teller oder die Gaben wurden in Stiefel gesteckt.

Viele Familien haben kein Problem damit, den Weihnachtsmann als Person vorkommen zu lassen. Das ist auch völlig in Ordnung. Allerdings sollte darüber nicht – genau wie bei den Geschenken – der eigentliche Sinn von Weihnachten verloren gehen. Auch an dieser Stelle sind wir gefordert, für die christlichen Traditionen einzustehen.

!

Wir dürfen mutig von dem sprechen, was die Bibel über Weihnachten berichtet.

In vielen Einrichtungen wie Kindergarten oder Schule sind Erzieher und Lehrer inzwischen vorsichtig damit geworden. Sie wollen niemandem, der einer anderen Religion angehört, etwas überstülpen oder gar Gefühle verletzen. Das ist auch gut so, doch meiner Erfahrung nach ist das oft gar nicht der Fall. Gläubige Muslime beispielsweise nehmen das Gespräch über religiöse Fragen sehr ernst und sind eher irritiert, wenn jemand aus dem „christlichen Abendland“ nicht über seinen Glauben Bescheid weiß. Da sollten wir uns selbst hinterfragen lassen: Sollte es nicht selbstverständlich sein, über seinen Glauben und die damit verbundenen Traditionen zu sprechen? Bei einer vertrauensvollen Basis ist ein Gespräch mit jemandem, der einer anderen Religion angehört, gut möglich. Das gegenseitige Kennenlernen von Traditionen kann das Miteinander bereichern. Die Traditionen rund um das Weihnachtsfest und die biblische Geschichte selbst bieten dazu eine gute Gelegenheit.

Genießen Sie also als Familie bewusst die Weihnachtszeit, nehmen Sie andere mit hinein und freuen Sie sich darüber, dass Jesus in diese Welt gekommen ist.

Eine schöne Art, gemeinsam Weihnachten zu feiern, ist das Singen im Familienkreis oder in der Gemeinde. Es gibt viele traditionelle, aber auch moderne Lieder, in denen das Weihnachtsgeschehen aufgegriffen wird und die wirklich tief und aussagekräftig sind. Auch ein Treffen, z. B. beim „Lebendigen Adventskalender“, bietet dafür eine gute Gelegenheit. Wenn Sie also gemeinsam singen, suchen Sie Lieder aus, in denen es um das biblische Geschehen geht und nicht nur um „süße Glocken“ oder „weiße Weihnachten“.

3 | Fragen zu Karfreitag und Ostern

Warum musste Jesus sterben? Ist Gott grausam? War die Kreuzigung echt? Kann wirklich jemand von den Toten wieder aufstehen? Und was hat das alles mit dem Osterhasen zu tun?

Fangen wir bei der letzten Frage an, die mir noch am einfachsten in der Beantwortung scheint, denn Ähnliches wie beim Weihnachtsmann gilt auch für den „Osterhasen". Im Laufe der Jahrhunderte haben sich Traditionen rund um das Osterfest entwickelt: das Ei als Symbol für Fruchtbarkeit und den beginnenden Frühling; der Hase, der nachts durch den Garten hoppelt und die bunt gefärbten Eier versteckt.

Es richtet mit Sicherheit keinen Schaden an, wenn wir mit unseren Kindern Eier färben und diese verstecken. Doch wie bei allen Traditionen gilt es auch hier, dass der wahre Sinn des Festes nicht verloren geht und wir vor allem von dem sprechen, was in der Bibel erzählt wird. In den vergangenen Jahren beobachte ich mehr und mehr, dass sich Ostern – fast schon ein wenig wie Weihnachten – zu einem Fest wandelt, an dem es vor allem um Geschenke geht. Die Kinder erzählen sich gegenseitig, welche Wunschzettel sie für den Osterhasen geschrieben haben. Das finde ich sehr erschreckend und bedenklich. Offenbar ist immer weniger Menschen bewusst, worum es bei diesem Fest tatsächlich geht. Oft fehlt es schlicht am Wissen über Tod und Auferstehung an Ostern. Manchmal ist diese Unwissenheit vielleicht zum Schmunzeln – so fand ich im Internet folgende Feststellung einer Vierjährigen zum Thema Ostern: „An Ostern ist Jesus an einer Kreuzung gestorben."[10] Irgendwie witzig, irgendwie aus Kindersicht logisch, da zu ihrer Lebenswelt eher eine Kreuzung als ein Kreuz gehört –, irgendwie aber auch befremdend.

Vielleicht liegt es daran, dass die Erzählung von Tod und Auferstehung noch schwieriger zu greifen ist als das Geschehen an Weihnachten. Ein Baby im Stall, das ist irgendwie doch niedlich und eine schöne Geschichte für Kinder, doch was an Ostern geschieht, klingt zuerst einmal brutal und ungerecht, absolut nichts, was man seinen Kindern gerne erzählen möchte. Und dann noch die Sache mit der Auferstehung! Die Bibel schildert uns da wirklich etwas Unglaubliches: Jemand, der tot war, wird wieder lebendig. Das gibt es eigentlich nicht!

Auch in der Theologie gibt es zahlreiche verschiedene Auslegungen dazu. Einige Theologen vermuten, dass Je-

10 http://kindermund.de/sprueche.php?kat=glauben&anfang=10, Abruf: 12.12.2016.

sus gar nicht „richtig“ tot war. Er habe in einer Art Koma gelegen, aus dem er dann erwacht sei. Anschließend habe er die Flucht ergriffen und seine Jünger hätten die Behauptung verbreitet, Jesus sei von den Toten auferstanden. Andere vertreten die These, dass der tote Jesus von seinen Jüngern gestohlen und versteckt worden sei, damit diese dann behaupten konnten, er sei von den Toten aufgestanden.

Als Jugendliche spielte ich häufiger in kleinen Kirchengemeinden der Umgebung im Gottesdienst die Orgel. Ich erinnere mich an einen Ostergottesdienst, in dem der Pfarrer zu Beginn mitteilte, dass wir als aufgeklärte Menschen doch nicht allen Ernstes glauben würden, dass jemand von den Toten auferstehen würde. Das gab es nie und würde es auch nicht geben, außerdem sei „sein“ Gott nicht so grausam, dass er das zugelassen hätte. Die Schlussfolgerung war also ein Gottesdienst, der das „Leben“ feierte, den Frühling und die Sonne und irgendwie auch den lieben Gott. Kreuzigung, die biblischen Berichte der Zeugen am Grab, die Begegnungen zwischen Jesus und seinen Freunden kamen nicht vor.

Aus diesem Gottesdienst ging ich sehr nachdenklich heraus. Offenbar haben viele Menschen – auch Gemeindeleiter – wirklich Mühe mit den biblischen Berichten und deren Auslegung. Vielleicht liegt es daran, dass wir gerne Dinge erklären möchten, bei dem Ostergeschehen aber an unsere Grenzen kommen. Das heißt für mich aber nicht automatisch, dass ich es als Unwahrheit oder gar Unsinn abtun muss. Am Kreuz scheiden sich die Geister, so hat es schon Paulus festgestellt: „Dass Jesus Christus am Kreuz für uns starb, muss freilich all denen, die verloren gehen, unsinnig erscheinen. Wir aber, die gerettet werden, erfahren gerade durch diese Botschaft vom Kreuz die ganze Macht Gottes.“ (1. Korinther 1,18)

> In allen Fragen des christlichen Glaubens kommen wir an der Frage des Kreuzes nicht vorbei.

!

Wir können ihr nicht ausweichen oder sagen: „Ach, es ist alles nicht so schlimm“ oder: „Vielleicht war alles in Wirklichkeit ganz anders.“ Wenn wir die Bibel als Gottes Wort ernst nehmen, dann müssen wir darüber nachdenken: Was ist dort am Kreuz geschehen und welche Bedeutung hat dieses Geschehen bis heute? Der Tod von Jesus am Kreuz ist die zentrale Frage des christlichen Glaubens. Wie sonst sollte es Schuldvergebung geben? Wie sonst kann es Frieden zwischen Gott und den Menschen untereinander geben? Was passiert nach dem Tod mit uns? Wie ist das mit dem „Himmel"?

WAS FINDEN WIR ALSO IN DER BIBEL?

Im Alten Testament, dem ersten Teil unserer Bibel, gibt es schon viele Hinweise auf das Geschehen am Karfreitag und von Ostern. So können wir bei dem Propheten Jesaja (Jesaja 53,4ff.) lesen: „Dabei war es unsere Krankheit, die er auf sich nahm; er erlitt die Schmerzen, die wir hätten ertragen müssen. Wir aber dachten, diese Leiden seien Gottes gerechte Strafe für ihn. Wir glaubten, dass Gott ihn schlug und leiden ließ, weil er es verdient hatte. Doch er wurde blutig geschlagen, weil wir Gott die Treue gebrochen hatten; wegen unserer Sünden wurde er durchbohrt. Er wurde für uns bestraft – und wir? Wir haben nun Frieden mit Gott! Durch seine Wunden sind wir geheilt."

In späteren Versen wird vom Lamm gesprochen, das zur „Schlachtung geführt" wird. Diese Bilder werden im Neuen Testament wieder aufgegriffen und auf Jesus gedeutet: Jesus als das Lamm Gottes, das die Sünden der Welt trägt (siehe z. B. 1. Korinther 5,7).

Das sind schwierige Bilder, die Jesaja dort gebraucht. Doch gehen wir noch ein Stück weiter zurück. Warum war es überhaupt notwendig, eine Lösung für das Problem der Sünde zu finden?

Am Anfang der Bibel wird vom Sündenfall berichtet (1. Mose 3). Adam und Eva, die ersten Menschen, die Gott geschaffen hatte, hatten einen folgenschweren Fehler begangen: Sie hatten vom Baum der Erkenntnis gegessen, obwohl Gott ihnen das verboten hatte. Das eigentliche Problem, die eigentliche Schuld war nicht das Essen an sich, sondern dass damit der Wunsch verbunden war, dass Eva und Adam wie Gott sein wollten. Sie wollten unabhängig von ihm sein – denn die Schlange hatte Misstrauen gesät, ob Gott ihnen nicht etwas vorenthalten würde. Von da an ging alles schief: Adam und Eva wurden von Gott aus dem Paradies verbannt. Unheil zog in die Welt ein. Diese Tatsache zieht sich bis in die heutige Zeit:

Menschen wollen sein wie Gott – und die Folgen sind Unfrieden, Ungerechtigkeit, Schmerz und Leid. Menschen greifen in die Ordnung der Schöpfung ein, zetteln Kriege an und können keine Gesellschaft bilden, in der es gerecht zugeht.

Bei Gesprächen mit Kindern habe ich festgestellt, dass sie diese Gedanken gut nachvollziehen können. Schon in ihrem Kinderalltag können sie das beobachten. Da gibt es die Mitschüler, die andere ausgrenzen; Freunde, die lügen oder nur auf ihren eigenen Vorteil bedacht sind; Elternbeziehungen, die zerbrechen. Schon im Kindergartenalter bekommen sie eine Ahnung davon, dass nicht alles heil und gut ist. Und spätestens im Grundschulalter nehmen Kinder auch das Weltgeschehen wahr. Sie hören von Kriegen und Naturkatastrophen und erfahren, dass nicht alles in der Welt in Ordnung ist. Doch was antworten wir ihnen auf die Frage nach dem Warum?

Wir können den Kindern im Gespräch erklären, dass Gott sich eigentlich eine andere Welt gewünscht und gedacht hatte; eine Welt, in der Frieden herrscht und die Menschen einander achten. Nun aber war die Katastrophe durch das Handeln von Adam und Eva geschehen, die Trennung von Gott und Mensch war vollzogen. Gott musste eine Lösung finden, um das Gute wiederherzustellen.

Ein Kind in meiner Kindergottesdienstgruppe fragte daraufhin, warum Gott nicht schon bei Adam und Eva eingegriffen habe, sie also daran hinderte, die Sünde überhaupt zu begehen. Auch eine schwierige Frage! Doch Gott hat uns Menschen mit einem freien Willen geschaffen. Nach diesem Willen konnten Adam und Eva ihre Entscheidung treffen, mussten dann aber auch mit den Folgen leben. Adam und Eva stehen wie ein Synonym für alle Menschen. Sicherlich – aus unserer heutigen Situation ist es sehr einfach, die beiden zu verurteilen und ihnen die Schuld für alles Unglück in der Welt in die Schuhe zu schieben. Doch ich glaube, dass wir in der gleichen Situation vermutlich nicht anders als die beiden gehandelt hätten. Gott hatte verboten, vom Baum der Erkenntnis zu essen, doch Adam und Eva haben sich verführen lassen, weil die Schlange ihnen eingeredet hatte, Gott wolle ihnen etwas vorenthalten.

Durch dieses Geschehen im Paradies haben die Menschen eine Art Graben geschaffen zwischen Gott und ihnen. Und Gott sehnte sich nach einer Lösung, um diesen Graben zu überwinden. Nach der Vorstellung des Alten Testaments war das nur über ein Opfer möglich. In 3. Mose 16 lesen wir von der Anweisung Gottes an Mose und Aaron, einen Ziegenbock symbolhaft mit der Schuld des Volkes zu beladen und ihn dann in die Wüste zu jagen. Bis heute kennen wir das Wort des „Sündenbocks“ und auch den Ausdruck, „jemanden in die Wüste schicken“. Im Neuen Testament wird Jesus als dieser „Sündenbock“ beschrieben. Durch das Opfer des Lebens von Jesus ist ein solches Tieropfer wie im Alten Testament nicht mehr nötig. Ein für alle Mal ist die Sünde durch seinen Tod weggenommen.

An dieser Stelle wird das Gespräch oft schwierig. Denn es steht die Frage im Raum: Gab es keinen anderen Weg, als dafür den eigenen Sohn zu opfern? So schwer es mir dann fällt, antworte ich: Nein, es gab wohl keinen anderen Ausweg für Gott. Ich bin überzeugt, dass es Gott das Herz zerrissen hat, den eigenen Sohn leiden und sterben zu sehen.

Zur Verdeutlichung erzähle ich manchmal folgende Geschichte:

Es war einmal ein König, der ein Gesetz herausgab: Alle, die beim Stehlen erwischt wurden, sollten als Strafe fünfzig Schläge mit dem Stock bekommen. Nun passierte es, dass eine alte Frau ertappt wurde, als sie auf dem Markt bei einem Händler ein Schmuckstück stahl. Der Fall war klar. Die alte Frau wurde zum König gebracht und sollte für ihren Diebstahl mit fünfzig Schlägen bestraft werden. Nun erschrak der König sehr, denn diese alte Frau war seine Mutter. Er war im Zwiespalt: Was sollte er tun? Er konnte nicht sein eigenes Gesetz aufweichen, aber er konnte auch nicht seine Mutter schlagen lassen, die eine solche Strafe vermutlich nicht überleben würde. So gab es nur eine Lösung: Der König zog sein prächtiges Gewand aus und beugte sich vor dem Vollstrecker. Er wurde geschlagen – stellvertretend für seine Mutter.

So ähnlich hat Gott am Karfreitag gehandelt. Um die Lücke zu schließen, die durch das falsche Handeln der Menschen entstanden war, brauchte es ein Opfer, eine Wiedergutmachung sozusagen. Und hier kommen wir wieder zu der Jesaja-Stelle zurück:

Die Strafe für unser falsches Verhalten hat Gott auf Jesus gelegt.

Jesus hat diese Strafe getragen, damit nicht wir Menschen, jeder Einzelne von uns, das tragen müssen. So schlimm und grausam die Kreuzigung war, wurde dieser Tag doch zum Tag der Befreiung für alle Menschen. Im Englischen heißt der Karfreitag „good friday", übersetzt: „guter Freitag". Es war also ein guter Tag, „denn Gott hat die Menschen so sehr geliebt, dass er seinen einzigen Sohn für sie hergab. Jeder, der an ihn glaubt, wird nicht zugrunde gehen, sondern das ewige Leben haben." (Johannes 3,16)

Das Kreuz war also keine Panne oder ein Versehen, sondern Gottes Plan. So ist es sicherlich angemessen, auch der

Trauer und dem Kummer am Karfreitag Raum zu geben, bevor wir von der Freude und dem Staunen am Ostermorgen sprechen. Je jünger Kinder sind, desto schneller spreche ich von der Auferstehung. Kinder können diese Spannung sonst kaum aushalten und brauchen für eine gesunde Entwicklung ein gutes Ende.

WIE VIEL KÖNNEN KINDER VON DEM OSTERGESCHEHEN BEGREIFEN?

Jetzt habe ich die „geistliche Dimension" des Geschehnisses der Kreuzigung beschrieben. Es gibt aber auch noch die eher „menschliche Dimension", die Kinder meiner Erfahrung nach oft besser nachvollziehen können. Zu Leb-

zeiten von Jesus war das Land der Juden von den Römern besetzt. Sie hatten die politische Macht, konnten Urteile verhängen und die Gesetze bestimmen. Die religiöse Macht lag bei den Hohenpriestern und Pharisäern. Und schon damals kam die Frage auf: Kann Gott einen Sohn haben? Macht Jesus sich lustig über Gott, wenn er das von sich sagt? Warum sagt er von sich, er sei ein König? Will Jesus der neue Herrscher sein?

Für die religiöse Elite war Jesus mit seiner Botschaft unbequem. Er hinterfragte ihre Regeln und Gesetze und stellte sich in den etwa drei Jahren seines öffentlichen Wirkens auf die Seite der Schwachen und Ausgestoßenen. Er umging die religiösen Regeln teilweise, indem er beispielsweise am Sabbat Kranke heilte. Damit stellte Jesus den Menschen höher als das Gesetz. Für die religiösen Führer war Jesus ein Unruhestifter, den sie gerne loswerden wollten. So kam es zu dem Urteil der Todesstrafe am Kreuz, was zur damaligen Zeit eine übliche Hinrichtungsmethode war. Jesus wurde verspottet, ausgelacht, schlimm misshandelt und schließlich zwischen zwei Verbrechern gekreuzigt.

So war es einerseits ein menschliches Handeln und andererseits Gottes Plan. Diese Spannung müssen wir aushalten und nicht in erster Linie als Widerspruch begreifen.

Wie erzählen wir Kindern jetzt also angemessen von dem Tod von Jesus? Grundsätzlich bin ich der Meinung, dass wir in jedem Fall von dem Tod von Jesus erzählen sollten. Sein Sterben und Auferstehen ist *der* zentrale Bestandteil des christlichen Glaubens. Ich denke auch, dass wir unseren Kindern den Umgang damit durchaus zutrauen können. Oft haben Kinder gar nicht die Schwierigkeiten mit der Thematik, die wir als Erwachsene manchmal damit haben. Wir sollten nichts verharmlosen, aber wie in anderen Dingen auch gilt, dass wir nicht jedes Detail erzählen sollten.

Kinder brauchen keine Abbildungen vom blutüberströmten Jesus oder gar Filme, die das Geschehen nachstellen.

!

Viele Kinderbibeln zeigen skizzenhafte Zeichnungen von den Kreuzen auf Golgatha. Das reicht in meinen Augen völlig aus. Bei kleinen Kindern würde ich überhaupt keine Bilder verwenden, sondern eher mit Symbolen arbeiten: Die Kerze, die für Jesus steht, wird ausgepustet und wieder angezündet, weil Gott Jesus wieder lebendig gemacht hat.

!

Wir sollten erzählen, dass Jesus sehr gemein behandelt wurde, dass er geschlagen und ausgelacht wurde. Wir sollten aber auch von seinen Worten berichten, dass er für seine Feinde betete oder dass er dem Verbrecher neben sich eine Aussicht auf das Paradies gab.

Wir können sehr wohl zulassen, dass Kinder mit Traurigkeit und Betroffenheit reagieren – wir sollten sie aber nicht damit allein lassen. Und je jünger die Kinder sind, desto rascher sollten wir den Blick auf Ostern, auf die Auferstehung lenken: Es blieb nicht bei der Trauer. Jesus blieb nicht im Grab. Er ist auferstanden von den Toten!

Ich habe es als für Kinder sehr eindrücklich erlebt, wenn wir versuchten, mit allen Sinnen das Ostergeschehen zu erfassen: Wie spitz und stachlig fühlen sich Dornen an? Wie erschreckend groß ist ein Nagel, der für Hinrichtungen benutzt wurde? Wie schwer ist ein Balken, den Jesus zum Hügel vor der Stadt tragen musste? Wie schmeckt ein Essiggemisch, das Jesus am Kreuz gereicht wurde? Wie fühlt es sich an, wenn beste Freunde behaupten, sie würden mich nicht kennen? Wie ist es, ausgelacht und lächerlich gemacht zu werden?

Es wäre sicherlich anmaßend zu behaupten, dass wir uns in die wirkliche Situation hineinfühlen könnten. Aber vielleicht bekommen Kinder (und Erwachsene) über ihre Sinne einen neuen Zugang und werden für den Weg, den Jesus gehen musste, sensibilisiert. Denn bei allem Erzählen wünschen wir uns doch, dass Kinder diesen Bezug zum heutigen, eigenen Leben bekommen: Dies alles ist für uns geschehen. Und dieses Ereignis von vor 2.000 Jahren hat immer noch eine Bedeutung für unser Leben hier und heute. Von welcher Bedeutung spreche ich?

JESUS WAR EIN ECHTER MENSCH

Aus den biblischen Berichten wird deutlich, dass Jesus nicht irgendein Geistwesen war. Er hatte Hunger, er brauchte Ruhe, er war traurig, er hatte Schmerzen und fühlte sich sogar zwischendurch von Gott und der Welt alleingelassen. Jesus ist also kein menschliches Gefühl fremd. Mich ermutigt dieser Gedanke sehr:

> Jesus weiß, wie es mir geht, und wenn ich zu ihm bete, kann er mich verstehen, weil er selbst schon solche Situationen erlebt hat.

Dadurch kommt er uns Menschen sehr nahe.

Persönlich sieht das für mich so aus, dass ich mir manchmal vor einem schwierigen Gespräch, einer Prüfung oder einer anderen Situation, die mir Angst macht, ein kleines J mit Kugelschreiber in die Handinnenfläche schreibe. J wie Jesus – der da ist; der durchhilft; der versteht, wie es mir geht.

Wir dürfen die Kinder ermutigen, Jesus in ihren Alltag hineinzunehmen und in schwierigen Situationen seine Hilfe zu suchen. Das kann durch ein kleines Symbol geschehen oder durch ein kurzes Gebet.

JESUS NIMMT FÜR IMMER ALLE SCHULD WEG

Sterben und Auferstehung von Jesus ist als Ereignis schon lange her. In der Bibel wird uns berichtet, dass es sich um ein einmaliges Geschehen handelte. Niemand kann, niemand muss das wiederholen.

> Jesus hat den Tod besiegt. Dadurch gilt für alle Zeit, dass wir Menschen frei und ohne Schuld vor Gott sein können.

!

Das bedeutet nicht, dass ich ohne Rücksicht tun und lassen kann, was ich will. Es bedeutet aber, dass in allem, wo ich versage, wo ich Fehler mache oder anders schuldig werde, ich immer wieder zu Gott kommen kann. Es gibt keine Sache, die er nicht vergeben kann, nichts ist zu groß oder zu klein. Manchmal sind Kinder über ihre Fehler sehr bedrückt. Irgendetwas ist ihnen peinlich und sie wünschen sich, eine Situation rückgängig machen zu können. Da ist es gut, wenn wir ihnen sagen können, dass Gott alle Fehler und Schuld wegnehmen kann.

Wir versuchen in unserer Kindergottesdienstgruppe für Grundschulkinder den Kindern regelmäßig die Möglichkeit zum persönlichen Gebet zu geben. Sie können wählen zwischen verschiedenen Angeboten. Ein Angebot besteht darin, dass ein Mitarbeiter für das Kind persönlich betet und es segnet. Ich erinnere mich an eine Stunde, in der wir uns mit biblischen Geschichten beschäftigt hatten, in denen es um Schuld und Vergebung ging. Ein neunjähriger Junge wirkte die ganze Stunde hindurch sehr aufmerksam. Als wir die Möglichkeit zum Gebet gaben, bekannte er uns eine Schuld, die er schon zwei Tage mit sich rumgetragen hatte. Bisher hatte er mit niemandem darüber gesprochen. Es war ein berührender Moment, ihm die Vergebung Gottes zusprechen zu können. Gott wusste von der Schuld und nahm ihm diese Last ab. Es war schön zu sehen, wie fröhlich er danach sein konnte. Und er war nun auch bereit, mit seinen Eltern darüber zu sprechen.

Jesus nimmt Schuld weg und lässt Menschen, egal ob kleine oder große, wieder aufatmen. Dadurch wird immer wieder ein Neubeginn möglich.

UNSERE ZUKUNFTSPERSPEKTIVE: DER HIMMEL

Durch seinen Tod und seine Auferstehung gibt Gott die Zusage: „Jeder, der an ihn glaubt, wird nicht zugrunde gehen, sondern das ewige Leben haben." (Johannes 3,16) Unser Leben hier ist also nicht alles. Wir dürfen in Gottes neuer Welt dabei sein. Gott wird am Ende der Zeit eine Welt schaffen, in der er bei den Menschen wohnen wird: „Hier wird Gott mitten unter den Menschen sein! Er wird bei ihnen wohnen und sie werden sein Volk sein. Ja, von nun an wird Gott selbst in ihrer Mitte leben." (Offenbarung 21,3) Diese Aussicht kann auch für Kinder schon ein großer Trost sein, gerade wenn sie mit Krankheit und Leid konfrontiert werden.

Durch den Sündenfall, von dem uns die Bibel gleich auf den ersten Seiten berichtet, ist das Paradies verloren gegangen. Wenn Jesus wieder in diese Welt kommen wird, schafft er etwas Neues, das dem Paradies vermutlich in vielem ähneln wird. Menschen können wieder ganz nah bei Gott sein, so wie es zu Anfang der Welt mal gedacht war.

ZUSAMMENFASSUNG

Halten wir fest: Wir dürfen und sollen auch den Kindern vom Kreuz und der Auferstehung erzählen. Es geht also nicht um das *Was*, sondern um das *Wie*. Bei allem sollten wir immer wieder betonen, dass Gott uns unendlich liebt und deshalb alles gegeben hat, damit wir Menschen mit ihm zusammen sein können. Die Bibel gebraucht häufig das Bild von „Kindern und dem Vater". So soll die Beziehung zu Gott sein: eine Beziehung, die auf Vertrauen und Liebe gebaut ist. Dazu sind alle Menschen eingeladen und wir dürfen die Kinder auf diesem Weg ermutigen, eigene Schritte zu gehen und den himmlischen Vater zu entdecken.

4 | Das Kirchenjahr

Neben Advent, Weihnachten und Ostern gibt uns das Kirchenjahr viele weitere Anlässe, um mit Kindern über Gott ins Gespräch zu kommen und Traditionen und Feste kennenzulernen und gemeinsam zu feiern. Oft spielen die anderen Feste neben Weihnachten und Ostern eine untergeordnete Rolle. Dennoch basieren sie auf wichtigen biblischen Ereignissen, die ich an dieser Stelle kurz vorstellen möchte.

Das Kirchenjahr beginnt mit dem 1. Advent und endet mit dem Ewigkeitssonntag. Es ordnet sich dem Jahreszeitenverlauf zu. So liegen die Tage wie der Ewigkeitssonntag meist im trüben November und das Osterfest wird im Frühling mit der erwachenden Natur gefeiert.

Was passiert also an …?

HIMMELFAHRT

Viele Männer feiern heute diesen Tag als „Vatertag" und ziehen mit Bollerwagen und Bierkisten durch die Lande. In der Bibel ist Himmelfahrt aber etwas ganz anderes. Die Evangelien berichten, dass Jesus nach seiner Auferstehung mehrmals seinen Jüngern begegnete. Irgendwann gab es dann aber das Ereignis der Himmelfahrt: Jesus kehrte wieder zu Gott in den Himmel zurück und war ab da nicht mehr sichtbar auf der Erde (nachzulesen in Apostelgeschichte 1). So war es irgendwie doch auch ein „Vatertag", erkläre ich den Kindern, denn Jesus ist wieder zu seinem Vater zurückgekehrt. Vorher hatte er den Jüngern nochmals den Heiligen Geist versprochen. Dieses Ereignis fand kurz danach am Pfingstfest statt.

PFINGSTEN

Das Pfingstfest geht auf die Ereignisse in Apostelgeschichte 2 zurück und wird immer 49 Tage nach Ostern gefeiert. In der Bibel wird berichtet, dass während des jüdischen Pfingstfestes „Schawuot" (gefeiert wurde die Offenbarung der Thora an das jüdische Volk) der Heilige Geist auf die Jünger ausgegossen wurde. Plötzlich war es möglich, dass sie in anderen Sprachen sprechen und predigen konnten. Die Juden, die sich in Jerusalem aufhielten und aus den verschiedensten Gegenden stammten, konnten sich plötzlich trotz ihrer unterschiedlichen Herkunft verstehen. Viele bezeichnen Pfingsten als den „Geburtstag" der Kirche, was insofern stimmt, da von diesem Zeitpunkt an die Jünger in die Welt zogen und ihren Glauben an Jesus bezeugten. Dadurch entstand die erste christliche Gemeinde. Deshalb feiern manche Gemeinden – bzw. Kindergottesdienste – an diesem Tag auch ein Geburtstagsfest mit Kuchen und Kerzen. Das ist eine schöne Idee, gerade für Kinder, für die Geburtstagsfeste etwas Eindrückliches und Besonderes sind.

> **!** Für Kinder ist die Pfingstgeschichte sehr spannend.

Es passiert in kurzer Zeit sehr viel Action: ein großer Sturm, Feuer vom Himmel, große Verwirrung – und plötzlich konnten sich alle verstehen. Häufig ist für Kinder der Aspekt des „Mutigwer-

dens“ wichtig. Die Anhänger von Jesus hatten sich bis dahin versteckt und bekamen durch das Pfingstereignis den Mut, offen und frei von ihrem Glauben zu sprechen. Deshalb ist es gut, wenn wir auch diese weniger bekannten Geschichten jedes Jahr wieder neu in den Fokus setzen. Gerade die Aussendung des Heiligen Geistes hat bis heute eine Bedeutung, die ich an anderer Stelle (siehe Abschnitt 2.7 über die Dreieinigkeit/Trinität) noch ausführlicher darstellen werde.

AUS DER PRAXIS

Eine Möglichkeit, Pfingsten auch für Kleinkinder deutlich zu machen, haben wir in unserer Krabbelgruppe ausprobiert: Jedes Kind bekam ein kleines Spieltier (Lego oder Playmobil) in die Hand und sollte seine „Sprache“ sprechen. Da muhte, gackerte und wieherte es. Dann gab es plötzlich ein Feuer vom Himmel (natürlich nur symbolisch dargestellt in Form von Tüchern oder Taschenlampen) – und plötzlich konnten sich alle Tiere verstehen! Trotz der unterschiedlichen Geräusche wusste jedes „Tier“, was das andere sagen wollte. Das war unsere Überleitung zu Pfingsten. An diesem Fest feiern wir, dass sich plötzlich alle verstehen konnten, obwohl sie aus verschiedenen Ländern kamen und andere Sprachen kannten. Das ist vielleicht ein ungewohnter Ansatz, aber so wurde der eine Aspekt des Pfingstfestes betont und den Kindern verdeutlicht.

ERNTEDANK

Das Erntedankfest ist eines der großen Kirchenfeste im Jahreskreis, das traditionell am ersten Sonntag im Oktober gefeiert wird. An diesem Tag werden die Altäre in den Kirchen und Gemeinden häufig mit den Früchten des Feldes und der Bäume geschmückt. In vielen Gemeinden wird eine gebundene Erntekrone aufgehängt. Durch den Schmuck soll zum Ausdruck gebracht werden, dass Gott letztlich der ist, der uns diese „Gaben" geschenkt hat. Wir danken ihm und loben ihn dafür; viele Gemeinden verteilen diese Gaben später an bedürftige Menschen.

So hat das Erntedankfest immer diese beiden Aspekte:

- *Gott für seine Gaben zu danken;*
- *mit anderen zu teilen (und an die zu denken, die nichts oder weniger haben).*

Die Tradition des Erntedankfestes können auch schon kleine Kinder miterleben. Mit größeren Kindern ist es eine gute Möglichkeit, um darüber ins Gespräch zu kommen, dass es nicht selbstverständlich ist, dass wir immer genug zu essen haben. Gott gibt, was wir zum Leben brauchen – und in unserem Land noch weit darüber hinaus. Das Erntedankfest ist eine gute Möglichkeit, sich dessen bewusst und neu dankbar zu werden. Es wird immer deutlicher, wie wichtig eine gute, gesunde Ernte für das eigene Leben, aber auch für das Überleben auf unserer Erde ist. Das Erntedankfest erinnert uns so auch an die Menschen, die unter Hunger und Mangelernährung leiden, die die Leidtragenden sind in einer Welt der ungerechten Ressourcenverteilung. Für den Lebensalltag der Kinder könnte das beispielsweise bedeuten, dass wir mit ihnen einüben, sorgsam mit Lebensmitteln umzugehen.

Wie können wir das Kindern konkret verdeutlichen? Wir können uns gemeinsam Gedanken darüber machen, was es alles braucht, damit beispielsweise ein Apfel wachsen kann. Neben der guten Pflege eines Menschen, der sich um den Baum kümmert – ihn beschneidet, wenn es nötig ist; ihm eine Stütze gibt, wenn die Äste abzubrechen drohen; Dünger und Pflege gibt –, braucht der Baum vor allem Sonne, Regen und Wind. Dies kommt von Gott. In einem bekannten Erntedanklied wird das so beschrieben: „... es geht durch unsre

Hände, kommt aber her von Gott."[11] Eigentlich ist es ein kleines Wunder, dass aus einem kleinen Samen etwas Großes wie ein Baum oder eine Frucht werden kann. Das Erntedankfest ist eine gute Gelegenheit, neu darüber zu staunen und Gott für sein Tun zu ehren, aber auch daran erinnert zu werden, dass wir aufgefordert sind, einen sorgsamen Umgang mit Lebensmitteln und der Schöpfung Gottes einzuüben.

Ebenso ist es eine gute Gelegenheit, für die Menschen dankbar zu sein, die diesen Genuss für uns erst möglich machen. Für Kinder ist es oft spannend zu erfahren, welche Schritte es braucht, damit z. B. ein Brot beim Bäcker zum Verkauf angeboten werden kann. Wie viele Menschen sind an diesem Prozess beteiligt? Welche einzelnen Schritte braucht es? Ich glaube, wenn Kinder nachvollziehen können, wie aufwendig die Herstellung eines Brotes ist, dann werden sie auch achtsamer mit ihrem „Pausenbrot" umgehen und die Reste vielleicht nicht einfach so in den Mülleimer werfen.

11 Aus dem Erntedanklied „Wir pflügen und wir streuen" von Matthias Claudius. Evang. Gesangbuch, Nr. 508.

Es gibt viele Möglichkeiten, mit Kindern in der Gemeinde oder der Familie das Erntedankfest zu gestalten.

Mit Obst oder Gemüse lassen sich einfache Spiele gestalten, z. B. mit verbundenen Augen schmecken, ertasten, riechen ... Ebenso bietet es sich natürlich an, gemeinsam etwas zu kochen oder zu backen. Wir können eine Collage mit Dingen erstellen, für die wir dankbar sind. Das kann auch durchaus über Lebensmittel hinausgehen: Wir danken Gott, dass wir Spielzeug, Kleidung, ein Fahrrad, ein schönes Zuhause etc. haben.

Besuchen Sie als Familie doch einmal gemeinsam einen Wochenmarkt und versuchen Sie, gemeinsam mehr über das Gemüse und Obst herauszufinden: Wo wächst das Obst? Welche Bedingungen braucht es zum Wachsen? Was bedeutet biologischer Anbau? Welchen Weg hat das Obst schon hinter sich, bevor es bei uns zum Verkauf angeboten wird?

Im Kindergottesdienst können Sie mit einfachen Mitteln ein eigenes kleines Erntedankfest gestalten. Die Kinder bringen selbst Lebensmittel mit und gestalten einen „Dankestisch“. Dann nehmen wir uns Zeit, um gemeinsam für jedes einzelne Stück zu danken: „Danke, Gott, dass du uns den Apfel geschenkt hast!“

Es gibt viele anschauliche Bilderbücher, in denen gezeigt wird, wie Obst, Gemüse und Getreide wachsen. Wenn Kinder in Ihrer Gruppe sind, die gerne tanzen, können Sie einen kleinen Kreistanz anleiten, beispielsweise zur Musik von Vivaldi „Die vier Jahreszeiten“ oder zu Kinderliedern. Das muss nichts Ausgefeiltes sein (vier Schritte nach links, vier nach rechts ...).

Zum Abschluss bietet sich an, aus den mitgebrachten Sachen ein kleines Essen herzustellen. Je nach Gegebenheit können Sie Obstspieße, Obstsalat oder eine Gemüsesuppe herstellen und gemeinsam Gott für seine Versorgung danken.

REFORMATIONSTAG

Der Reformationstag fällt aus der Reihe der biblischen Feste, dennoch möchte ich ihn hier erwähnen. In den letzten Jahren verfestigt sich mein Eindruck, dass dieser Feiertag am 31. Oktober immer mehr von „Halloween" verdrängt wird. Der Überlieferung nach heftete der Theologe und Mönch Martin Luther am 31. Oktober 1517 an die Türen der Wittenberger Kirche 95 Thesen. In diesen Thesen prangerte er den Umgang der damaligen Kirche mit „Buße und Ablass" an. Luthers großes Thema war es herauszustellen, dass wir Menschen allein durch die Gnade Gottes gerettet werden und nicht durch fromme Taten oder Handlungen. Diese sogenannte „Rechtfertigungslehre", die Luther daraus entwickelte, stieß bei den Theologen der damaligen Zeit auf heftigen Widerspruch. Sie hatten es sich so eingerichtet, dass die Menschen aus lauter Furcht vor dem Fegefeuer der Kirche viel Geld gaben. Martin Luther wurde verfolgt und musste sich schließlich auf der Wartburg in Eisenach verstecken. Dort begann er damit, die Bibel in die deutsche Sprache zu übersetzen.

Das Leben von Martin Luther ist sehr spannend und fasziniert die Kinder.

So haben wir in unserer Gemeinde damit begonnen, am 31. Oktober „Reformationspartys" zu feiern. Da gibt es dann ganz unterschiedliche Elemente: ein Theaterstück (Wie war es wohl, wenn die Menschen im Gottesdienst kein Wort verstanden, weil alles in Latein gelesen wurde?) oder verschiedene Stationen zum Leben Luthers (Wörter mit Buchstabenstempeln drucken, die „Lutherrose" ausmalen, sich als Luther verkleiden und fotografieren lassen, Süßigkeiten essen, fröhliche Lieder von Gottes geschenkter Gnade singen ...).

Für viele Eltern ist es eine sinnvolle Alternative zum Halloweenfest. Die Welle dazu ist in den letzten Jahren aus Amerika zu uns herübergeschwappt. Viele Menschen, mit denen ich mich darüber unterhalte, empfinden die aggressive Forderung nach Süßigkeiten an der Haustür als unangenehm. Nicht selten wurde mir von entstandenen Schäden am Eigentum berichtet, die längst nichts mehr mit harmlosen „Streichen" zu tun haben.

Ich denke, dass vielen nicht mehr bewusst ist, was es mit dem Reformationstag auf sich hat. Viele der eigenen Traditionen gehen häufig durch Unwissen verloren. Vielleicht tut es unseren Gemeinden und Kirchen gut, den „alten“ Reformationstag mit seiner Botschaft der „geschenkten Gnade“ wieder neu zu entdecken. Natürlich muss jede Familie ihren eigenen Weg finden, ob ihre Kinder bei Halloween mitmachen oder nicht. Das kann nur jeder persönlich für sich entscheiden. Doch unsere Erfahrungen der Reformationspartys waren bisher, dass die Kinder begeistert waren: „Das war viel cooler als Halloween!“

SILVESTER

Silvester ist im eigentlichen Sinn kein christliches Fest des Kirchenjahres. Es geht auf einen Papst namens Silvester zurück, der am 31. Dezember 335 starb. In vielen Gemeinden und Kirchen gibt es Silvestergottesdienste oder Jahresschlussandachten – eine schöne Gelegenheit, um zur Ruhe zu kommen, das vergangene Jahr zu reflektieren und das neue Jahr bewusst unter Gottes Segen zu stellen. Das Böllern und Knallen beim Feuerwerk geht auf den vorchristlichen Gedanken zurück, die bösen Geister zu vertreiben. Seit den 80er-Jahren gibt es, initiiert von den Kirchen, die Aktion „Brot statt Böller". Dabei wird dazu aufgerufen, statt Geld für ein Feuerwerk auszugeben, das in wenigen Minuten verpufft ist, lieber etwas für Bedürftige zu spenden.

Vielleicht ist das ein Punkt, über den Sie mit Ihren Kindern ins Gespräch kommen können – was ihnen wichtig ist und wie Sie gemeinsam Ihren Jahresschluss gestalten wollen. Wir als Familie setzen uns meist am Silvesternachmittag zusammen und halten einen Rückblick auf das Jahr. Was war gut? Was hat uns traurig gemacht? Was haben wir gelernt? Was hat sich verändert? Sie könnten auch eine Rallye durch Ihre Wohnung machen und schauen, was im letzten Jahr neu dazugekommen ist. Wir halten diesen Familienrückblick auf einem großen Plakat fest, auf dem man auch Eintrittskarten von Konzerten oder Fotos von einer Urlaubsreise aufkleben kann. Das Ganze endet mit einem Gebet, in dem wir für das danken, was gut war, was wir neu haben dürfen, wo neue Schritte gegangen wurden, was wir erreicht haben. Dann bitten wir für das, was uns traurig gemacht hat, wo Menschen krank geworden oder verstorben sind. Meist ergibt sich daraus ein Gespräch über das neue Jahr, das vor uns liegt. Was wird kommen? Welche Schulwechsel stehen an? Gibt es schon Ideen und Wünsche für einen Urlaub?

Auch wenn Silvester nicht direkt ein kirchlicher Feiertag ist, bietet es viele Möglichkeiten der Gestaltung mit Kindern, die wir nutzen sollten, um ins Gespräch zu kommen und unser Leben zu teilen.

5 | Das Thema Leid und Tod

Warum ist derjenige oder diejenige krank? Warum kann Gott das nicht verhindern? Warum ist dieser Mensch gestorben? Ist man nach dem Sterben direkt bei Gott – auch die Menschen, die nicht an Gott geglaubt haben?

Das Thema Leid und Tod

Ein Thema, bei dem wir häufig an unsere Grenzen stoßen, ist der ganze Bereich um Leiden und Sterben. Warum ist dieses oder jenes Schreckliche geschehen? Warum hat Gott das nicht verhindert?

Auf diese Fragen gibt es keine einfachen Antworten, auch nicht für Kinder, und wir sollten uns mit schnellen Erklärungen bei Kinderfragen zurückhalten.

- *Zwei Mädchen aus dem Kindergottesdienst erzählen von ihrer Lehrerin, die vor einer Apotheke von einem älteren Autofahrer angefahren wurde und an den Folgen dieses Unfalls verstorben ist.*
- *Auf der Kinderfreizeit haben wir die Kinder einer Familie dabei, deren Vater sich nach langer Depression vor Kurzem das Leben genommen hat.*
- *Wir laden nach dem Kindergottesdienst Kinder zum Gebet und zum Segnen ein. Zwei Geschwister kommen und beklagen, dass ihre Eltern sich häufig streiten. Einige Wochen später hören wir Kindermitarbeiter von der Trennung der Eltern.*
- *Eine Schulklasse macht eine Studienfahrt ins Ausland. Auf tragische Weise stürzt ihr Flugzeug auf dem Rückflug ab. Diese Nachricht erreicht uns, kurz bevor unsere älteste Tochter nach Athen auf Klassenfahrt fliegen soll. Wir beten um Schutz und sind dankbar, dass Gott ihn gibt. Dennoch bleibt die Frage: Warum in dem einen Fall und in dem anderen nicht?*

Sicherlich könnten Sie selbst viele Beispiele hinzufügen. Wir machen die Erfahrung, dass Unglück und Not zu unserem Leben dazugehören. Auch wir Christen sind nicht bewahrt vor leidvollen Situationen.

Leid gehört zu unserer Welt. Seit dem Sündenfall leben wir in einer nicht vollkommenen Welt, in der Leiden in verschiedenen Ausprägungen vorkommt. Der Tod ist in die Welt gekommen und damit alle verbundene Trauer und aller Schmerz. Erst mit dem Wiederkommen von Jesus wird es eine neue Welt geben, in der es kein Leiden mehr geben wird (siehe Offenbarung 21). Doch bis dahin müssen wir einen Weg finden, mit Leid und Tod umzugehen.

Manchmal werde ich im Gespräch gefragt, warum ich angesichts des ganzen Leidens in der Welt immer noch an Gott glaube. Ich gebe dann zurück, dass eine solche Welt ganz ohne Gott noch viel schrecklicher wäre. Wo hätten Menschen sonst eine Adresse für ihre Tränen und ihre Trauer? Doch natürlich gibt es auch die Menschen, die schwere Lebensschicksale von Gott wegbringen; Menschen, die zynisch oder verbittert werden. Auch das müssen wir ehrlich benennen.

Viele Christen machen aber die Erfahrung, die schon die Dichter der Psalmen in der Bibel gemacht haben: Sie bringen ihre Wut und ihre Klage zu Gott. Sie toben und wüten gegenüber Gott. Damit zeigen sie uns, dass Klagen bei Gott „erlaubt" ist. Gott wendet sich nicht ab. Das sage ich auch den Kindern:

In Momenten der Traurigkeit braucht Gott keine wohlformulierten Gebete, sondern ist interessiert daran, wie es uns in Wirklichkeit geht. Die Hauptsache ist, dass wir mit ihm im Gespräch bleiben. Wir dürfen wütend sein, wir dürfen weinen und unsere Traurigkeit vor Gott bringen.

Ich habe die Beobachtung gemacht, dass Menschen, die wirklich schweres Leid zu tragen haben, vordergründig oft gar nicht die Frage nach dem „Warum" stellen. Sie beschreiben vielmehr, dass das erfahrene Leid sie häufig tiefer in die Gottesbeziehung bringt. Wie schlimm wäre ihr Leid, wenn sie es ohne Gott tragen müssten und es kein Gegenüber für ihre Ängste, ihre Schmerzen und ihre Trauer gäbe.

Im Laufe des Gebets, so können wir in den Psalmen lesen, bekommt der Beter eine andere Perspektive: Ohne dich, Gott, möchte und kann ich nicht sein. Diese Erkenntnis reift, auch wenn das Leiden immer noch vorhanden ist. Vermutlich bringt uns als Erwachsene keine Frage sonst so sehr an unsere Grenzen. Manche Erfahrung rüttelt an unserem Gottesbild und im Leiden zeigt sich die Tragfähigkeit unseres Glaubens.

Albrecht Biesinger schreibt:

Gott ist nicht der große Zauberer, der unsere Wünsche so erfüllt, wie wir sie uns gerade vorstellen. Gott verlangt von uns Eigenständigkeit, Entwicklung von Vernunft, Engagement und konkreten Suchprozessen, die Welt zu gestalten und in ihren Möglichkeiten und Begrenzungen zu kommunizieren. Dies schließt ein, dass wir als Eltern zunächst uns selbst angesichts unserer ureigenen Leidsituation in der Gottesbeziehung anders, oft sogar ganz neu wahrnehmen müssen, weil wir oft ein Gottesbild mit uns herumtragen, das Leid abspaltet.[12]

12 Biesinger, S. 78.

Wir dürfen Kinder ermutigen, Gott auch in schweren Lebenssituationen zu suchen und zu ihm zu beten. Meist haben Kinder im Vergleich zu vielen Erwachsenen keine Scheu, über ihre Gefühle zu sprechen. Da sollten wir ihnen gute Zuhörer sein und ihnen ehrlicherweise sagen, dass auch wir keine Erklärung haben, warum bestimmte Dinge in der Welt passieren.

> Es wäre vermessen, für dieses oder jenes Geschehen eine Erklärung zu geben, denn letztlich wird vieles in dieser Welt ungeklärt bleiben.

Gott ist souverän und lässt sich nicht „in die Karten schauen". Schon in der Bibel haben Menschen nach Erklärungen gesucht. Die Jünger fragen Jesus: „Wer ist schuld daran, dass dieser Mann blind ist? Hat er selbst Schuld auf sich geladen oder seine Eltern?" (Johannes 9,2) Jesus lässt sich auf diese Ebene gar nicht ein. Er sieht zuerst den Menschen in seiner Krankheit und heilt dann Körper und Seele. Er gibt keine einfachen Erklärungen.

Etwas anderes ist es, wenn Menschen rückblickend selbst eine Erklärung für sich finden, wozu eine leidvolle Erfahrung gut gewesen sein könnte. Manche Menschen beschreiben es als Schritt zur Reife oder dass sie tiefer in die Gottesbeziehung geführt wurden. Dies können jedoch meiner Meinung nach nur die Betroffenen selbst beurteilen; als Menschen von außen sollten wir uns dazu keine Erklärung anmaßen. So können wir auch Kindern gegenüber die Frage nach dem „Warum" nicht wirklich beantworten. Wir dürfen sie aber immer auf Gottes Größe und Macht hinweisen, auf seinen Trost und seine Begleitung. Wenn ich mit Kindern den Psalm 23 lese, fällt ihnen im Zusammenhang mit der Frage nach dem Leid auf: Der Psalmschreiber erwartet ja gar nicht, dass Gott verspricht, es werde nie ein „dunkles Tal" geben. Es gibt sie, die dunklen Zeiten – doch Gott geht mit und deshalb brauchen wir uns nicht zu fürchten. Das gilt für den normalen Alltag, aber auch für die großen Katastrophen des Lebens.

WAS KÖNNEN WIR IM ALLTAG TUN?

Natürlich gibt es auch von Menschen verursachtes Leiden. Viele Menschen leiden, weil andere sie unterdrücken oder ihnen bewusst oder unbewusst Schaden zufügen. Kriege entstehen, weil es Konflikte zwischen Mächtigen und Machthabern gibt. Hungersnöte resultieren aus der ungerechten Verteilung von Lebensmitteln auf der Welt. Unfälle passieren, weil Menschen fahrlässig handeln. In manchen Bereichen können wir Verantwortung übernehmen und uns fragen, wie wir durch unser Verhalten Not verringern können. Das können kleine, ganz praktische Dinge sein:

- *Wir kaufen fair hergestellte Schokolade, weil wir sicher sein wollen, dass nicht Kindersklaven auf Kakaoplantagen dafür arbeiten mussten.*
- *Wir unterstützen die Familie in unserem Bekanntenkreis, die durch Krankheit der Mutter gerade in Not geraten ist. Wir fragen nach, kochen, kaufen ein und hüten die Kinder.*
- *Wir pflücken Blumen für den Nachbarn, der an Krebs erkrankt ist, und machen ihm eine kleine Freude damit.*
- *Wir informieren uns, wenn ein Land von einer Naturkatastrophe betroffen ist. Wir spenden Geld für eine Organisation, die dort unterstützt, und wir beten für Betroffene und Helfer.*

Dies sind nur einige Beispiele für Aktivitäten, in die Sie auch Kinder gut mit einbeziehen können. Oft hinterlässt Not bei uns ein Gefühl der Hilflosigkeit und der Ohnmacht, aber es gibt auch Stellen, wo wir wirklich ganz praktisch etwas tun können.

> ! Manchmal liegt die „Not“ buchstäblich vor unseren Füßen. Da ist es gut, wenn wir gemeinsam mit den Kindern überlegen, wie und wodurch wir helfen können.

Andere Not und anderes Leiden, wofür niemand scheinbar etwas kann, wo wir nur erschüttert und betroffen davorstehen können, sollte uns eher still machen. Meist sind Ratschläge oder gar Erklärungen völlig fehl am Platze. In solchen Fällen sollten wir Kinder zum Gebet ermutigen und ihnen sagen, dass wir genauso rat- und hilflos sind wie sie selbst, dass wir aber Gott als eine gute Adresse kennengelernt haben, der alle Not in der Welt sieht. Auch dies kann ganz praktisch werden:

- *eine Kerze anzünden für einen Menschen, der krank ist;*
- *aus Backsteinen eine „Klagemauer" bauen, in die Kinder ihre gemalten oder geschriebenen Klagezettel hineinstecken können;*
- *einen Stein unter dem Kreuz ablegen für das, wo mir das „Herz schwer" ist;*
- *ein Glas mit Murmeln füllen: Jede Murmel steht für einen Menschen, der gerade unter etwas leidet oder der traurig ist.*

Für Kinder sind symbolische Handlungen sehr wichtig. Oft ist es für sie einfacher, durch ein konkretes Tun etwas auszudrücken als nur über den Verstand. So kann beispielsweise eine körperliche Zuwendung gut sein, wenn wir Kinder trösten wollen. Bei den eigenen Kindern ist das vielleicht selbstverständlich, bei anderen, z. B. den Kindergottesdienstkindern, frage ich, ob ich meinen Arm als Zeichen des Trostes um sie legen darf. Mehr noch als Erwachsene brauchen Kinder diese direkte Zuwendung, doch selbstverständlich nur, wenn das Kind damit einverstanden ist.

Bei allen Gesprächen über Leid und Not ist es mir wichtig geworden, Kindern immer wieder einen „Ausweg" aufzuzeigen. Das Gespräch sollte mit einer Aussicht enden, die neuen Mut und Vertrauen ins Leben gibt. Kinder brauchen diese Zuversicht, dass Gott sich kümmert und die Lage im Griff hat, gerade wenn unsere menschliche Hilfe gering oder gar unmöglich scheint.

VOM UMGANG MIT TOD UND STERBEN

Das gilt umso mehr beim Umgang mit dem Thema Tod. Ich beobachte, dass diese Thematik häufig für viele Erwachsene schwieriger ist als für Kinder. Im Laufe der letzten Jahrzehnte wurde das Sterben immer mehr aus den Familien „ausgelagert". Ältere Menschen sterben meist in Krankenhäusern oder in Pflegeheimen, sodass viele Menschen die Erfahrung gar nicht mehr kennen, Angehörige beim Sterbeprozess zu begleiten.

Immer häufiger lese ich auch in Zeitungsanzeigen, dass die Angehörigen auf eine Trauerfeier verzichten; der Verstorbene wird dann im „engsten Familienkreis" beerdigt. Vielleicht ist auch das ein Zeichen dafür, dass es den Menschen schwerfällt, sich mit diesem Thema auseinanderzusetzen. Dabei kann gerade eine Trauerfeier den Abschiedsprozess unterstützen, denn es wird ein Ort der Erinnerung und des Trauerns geschaffen. Passend dazu scheint mir zudem die Tendenz, dass immer mehr Menschen anonym oder in einem Waldforst beerdigt werden. So entfällt auch ein Ort der Erinnerung, der später aufgesucht werden kann. Manchmal sind es sicherlich praktische Gründe, die für eine solche

Bestattung sprechen, weil vielleicht niemand der Angehörigen eine Grabpflege leisten kann oder will. Manchmal, so scheint es mir, drückt eine solche Entscheidung aber auch die Hilflosigkeit mit diesem Thema aus: Man möchte es möglichst schnell beiseiteschieben und sich nicht weiter damit auseinandersetzen müssen. Dabei ist es doch so, dass Tod und Abschiednehmen zu jedem Leben dazugehören, ja eigentlich etwas sehr Natürliches sind. Ich glaube, dass Kinder ein gutes Gespür dafür haben. Wir sollten uns ihren Fragen stellen, auch wenn sie uns manchmal zu nah oder direkt erscheinen.

Unter Erwachsenen beobachte ich dagegen im Gespräch eine Sprachlosigkeit und ein Unwohlsein, wenn das Gespräch auf das Thema Tod kommt. Schnell wechseln sie das Thema; man will nicht darüber sprechen. Dieses Thema scheint nicht in die „Zeit" zu passen. Wir leben ja in einer Zeit, in der auch das Älterwerden mit allen damit verbundenen Schwierigkeiten nicht wirklich thematisiert wird. Ich denke an die Werbung eines großen Sanitätshauses: Man sieht einen grauhaarigen Mann mit einer wesentlich jüngeren Frau auf einem Elektromobil fahren – offensichtlich mit größtem Vergnügen. Erst wenn man ein wenig darüber nachdenkt, kommt man auf den Gedanken, dass ein Elektromobil bedeutet, dass dieser Mann wohl nicht mehr alleine laufen kann und deshalb auf ein solches Gefährt angewiesen ist. Im Alltag von vielen Senioren ist dies kein Spaß und schon gar nicht verbunden mit dem Kontakt zu einer hübschen jungen Frau. Da wird eine Welt in der Werbung gezeichnet, die leider oft wenig mit der Realität zu tun hat.

Natürlich genießen viele ältere Menschen ihren Ruhestand, die damit verbundenen Freiheiten, das Zusammensein mit Enkeln und vieles mehr. Aber es gibt auch die schwierige Seite: körperliche Gebrechen; das Angewiesensein auf Hilfe und damit verbunden die Einschränkung der eigenen Entscheidungsmöglichkeiten; Einsamkeit, wenn der Lebenspartner oder enge Freunde verstorben sind. Dieser Lebensabschnitt wird häufig geprägt von Ängsten und Sorgen, die leider allzu oft kein Gesprächsthema sind. Vielleicht würde aber das Reden darüber manche Sorge verringern und neuen Mut geben – auch für eine Lebensphase, die mit vielen Veränderungen verbunden ist.

„UND? WANN STIRBST DU?"

Als mein Vater verstorben war, fragte unsere jüngste Tochter: „Und, Mama? Wann stirbst du?" Da musste ich natürlich erst einmal schlucken, aber eigentlich war ihre Frage nachvollziehbar. Sie wollte eine Einordnung hören, denn ihre nächste Frage lautete: „Wer stirbt zuerst? Du oder ich?"

Der Tod ihres Großvaters hatte meiner Tochter zum ersten Mal ihre eigene Sterblichkeit vor Augen geführt und in ihr Fragen aufgeworfen, die sie sehr beschäftigten. Wir hatten dann ein gutes Gespräch, indem ich ihr erklären konnte, dass niemand außer Gott weiß, wann ein Mensch sterben muss. Und dass das auch gut so ist. Gott ist der Schöpfer des Lebens und bestimmt Anfang und Ende. Natürlich macht uns das traurig, wenn ein geliebter Mensch stirbt, denn wir würden ihn gerne noch bei uns behalten. Aber für den Opa – in unserem Fall – war es für Gott vielleicht gerade der richtige Zeitpunkt. Für die, die zurückbleiben, ist es meistens schlimm und traurig, aber für den Verstorbenen selbst ist es vermutlich schön, nun bei Gott zu sein.

Bei nächster Gelegenheit gingen wir wieder zum Friedhof und schauten uns die verschiedenen Gräber an. Es gab auch bunt geschmückte Kindergräber. Damit war die Frage meiner Tochter beantwortet, ob manchmal auch Kinder vor ihren Eltern sterben. Wir waren uns einig, dass das dann besonders traurig ist. Und für uns als Eltern ist es ein furchtbarer und unerträglicher Gedanke, ein Kind zu verlieren.

Manchmal haben Kinder Ängste, was mit ihnen passiert, wenn ihre Eltern sterben würden und sie noch Kinder sind. So unangenehm das vielleicht auch ist, sollten Sie diesen Fall mit Ihrem Kind besprechen, wenn es danach fragt. Für Kinder kann es ein Trost sein zu wissen, dass in dem Fall ihre Paten, Großeltern oder andere vertraute Personen für sie die Verantwortung übernehmen würden.

Bei aller Trauer und allen Verlustängsten soll aber auch nicht unerwähnt bleiben, dass der Tod manchmal auch eine „Erlösung“ sein kann. Ein Mensch stirbt nach einer Zeit des Leidens unter einer schweren Lebenssituation oder Krankheit. Da können wir den Tod auch als etwas Positives wahrnehmen: Gott hat dem Leiden und den Schmerzen ein Ende bereitet.

Das gilt auch, wenn Menschen in hohem Alter nach einem guten, erfüllten Leben versterben – „alt und lebenssatt“, wie es in der Bibel an einigen Stellen heißt. Ich durfte solche Menschen kennenlernen, die dankbar auf alles Erlebte zurückschauten, aber auch formulierten, dass sie nun gerne zu Gott „heimgehen“ würden.

Natürlich bleibt der Tod und Verlust weiterhin traurig für die Angehörigen und Hinterbliebenen, aber die Hoffnung auf die Ewigkeit bei Gott kann den Abschied doch leichter und erträglicher machen. Jeder Mensch hinterlässt eine Lücke im Leben anderer Menschen. Der Platz am Tisch bleibt leer, die vertrauten Dinge haben sich verändert. Aber: Auch wenn es manchmal viel Kraft kostet, geht das Leben doch weiter.

Und damit wir nicht in unserer Trauer und dem Verlustdenken haften bleiben, ist es gut und wichtig – gerade für Kinder –, sich gemeinsam an schöne Erfahrungen und Erlebnisse zu erinnern und die Gedanken an den verstorbenen Menschen positiv zu gestalten.

!

Es kann z. B. eine Hilfe sein, ein Foto des Verstorbenen an einem schönen Ort in der Wohnung aufzustellen. Manche Familien erstellen eine Art „Erinnerungsbuch“. Darin werden Fotos und gemeinsam Erlebtes festgehalten.

Kindern helfen diese Dinge bei der Verarbeitung des Verlustes und der Trauer. Es ist wichtig, dass sie einen Platz haben, um mit ihren Tränen umzugehen und bei allem unbeschadet durch diesen Trauerprozess durchzukommen. So kann nach einem solchen Prozess eine dankbare Erinnerung stehen, die versöhnt ist mit allem Geschehenen.

EIN AUTO VOLLER ERINNERUNGEN

Manchmal treffen uns Erinnerungsmomente sehr unverhofft, so habe ich es selbst erlebt: Nach dem Tod meines Vaters übernahmen wir gemeinsam mit einer anderen Familie sein Auto. Es hatte bisher in der Garage gestanden und würde uns nun an manchen Stellen den Alltag erleichtern, worüber wir sehr dankbar sind. Vor einigen Wochen stand eine (nötige!) Innenreinigung an. Mit dem Staubsauger in der Hand krabbelte ich über die Sitze. Völlig überraschend fand ich einen Einkaufszettel, den mein Vater mit seiner unverkennbaren Handschrift geschrieben hatte und der unter den Sitz gerutscht war. Da musste ich doch erst mal durchatmen – so plötzlich überfiel mich diese Erinnerung.

Ich zeigte meinen Kindern den Zettel und wir nahmen uns Zeit, über den Opa zu sprechen: über das, was ihn ausgemacht hatte; über das, was uns vielleicht manchmal „schrullig" vorkam; über das, was einfach nur liebenswert war. Dabei mussten wir herzhaft lachen („… weißt du noch?"), aber es floss auch die eine oder andere Träne. Schlussendlich beendeten wir unser Gespräch und unsere Saug-Aktion und ich war erfüllt von dem Gedanken, dass mein Vater sich sehr freuen würde, wenn er uns sehen könnte. Ich glaube, er wäre froh, dass sein Auto bei uns zum Einsatz kommt und dass wir dadurch (nicht nur durch den materiellen Wert) direkt eine Erinnerung und Verbindung zu ihm haben.

SICH VON LIEB GEWONNENEM VERABSCHIEDEN

Tod bedeutet immer Trennung und Abschiednehmen. Doch auch an vielen anderen Stellen machen Kinder in ihrem Alltag die Erfahrung, dass Abschiednehmen zum Leben dazugehört. Etwas Altes muss „sterben", damit etwas Neues beginnen kann. Dieses Abschiednehmen müssen wir als Menschen einüben.

> Manchmal glaube ich, dass die Abschiede in unserem Leben eine Art Vorbereitung auf den letzten, endgültigen Abschied sind.

Dieser Gedanke entstammt einem Buch von Jörg Ahlbrecht (Die große Kraft der kleinen Tode, SCM R. Brockhaus 2016), das ich zu diesem Thema als sehr hilfreich empfinde.

Vor Kurzem haben wir unsere jüngste Tochter aus dem Kindergarten verabschiedet. Nicht nur für sie, sondern auch für uns Eltern beginnt damit etwas Neues. Auch ich als Mutter muss mich nach etlichen Jahren aus dem Kindergarten verabschieden. Natürlich werde ich manches vermissen, anderes vielleicht auch nicht. Aber es ist ein neuer Lebensabschnitt, der jetzt beginnt. Als Mutter bin ich keine „Kindergartenmama" mehr. Die nächste Generation rückt nach und ich werde mit meinen Kindern älter. Manches wird nicht mehr sein. Da tut es gut, kurz innezuhalten, sich das bewusst zu machen – dann aber auch weiterzugehen in das, was an Neuem kommt. Wir würden manchmal nur zu gerne Dinge festhalten, doch wir merken, dass das nicht geht. Das Leben schreitet voran; wir müssen uns den neuen Umständen stellen und sie gestalten. Manchmal braucht es dabei einen Prozess der „Versöhnung" mit der eigenen Geschichte und der aktuellen Lebenssituation. Manches wird nie mehr sein, manches werden wir nicht mehr tun oder erreichen können, manche schöne und manche ungute Erfahrung gehört zu unserem Leben dazu. Da ist es gut, wenn wir Dankbarkeit lernen und versöhnt die neuen Schritte gehen können.

Abschiede durchziehen unser Leben: Abschied von der Schule, vom Elternhaus, von den Kindern, von der Gesundheit, vom Berufsleben und nicht zuletzt durch den Tod von Freunden oder Angehörigen. Das alles gehört zum Leben dazu und sollte auch seinen Platz darin haben. Meiner Erfahrung nach wird der Schrecken, den der Tod verbreitet, für Kinder immer größer, je mehr wir ihn tabuisieren. Je mehr wir natürlich und unbefangen reden, desto selbstverständlicher ist es für Kinder, den Tod zum Leben dazugehörig zu empfinden.

Vor ein paar Jahren passierte in unserem Stadtteil ein furchtbares Unglück: Zwei achtjährige Jungen aus unserer Grundschule spielten eines Tages im Winter am Fluss. Niemand weiß, warum der eine die Idee hatte, auf den zugefrorenen Fluss zu gehen. Er brach im Eis ein und ertrank. Es war schrecklich – für die Familie, für die Freunde, für die Angehörigen. Ich werde nie den „Ausnahmezustand" vergessen, der in unserem Stadtteil herrschte. In der Grundschule gab es tagelang keinen geregelten Unterricht. Der Pfarrer kam jeden Morgen in die Schule und versuchte, gemeinsam mit den Lehrern die Situation aufzufangen. Die Klassenkameraden des verunglückten Jungen bekamen die Gelegenheit, seinen Sarg zu gestalten. Er wurde bunt bemalt und mit Dingen bestückt, die dem Freund eine Freude gemacht hätten. Die Kinder wurden an der Gestaltung der Trauerfeier beteiligt. Durch das alles wurde ihnen ein Raum für ihre Fragen und ihr Unverständnis gegeben.
Ich hatte den Eindruck, dass dies ein hilfreicher Weg war, die Kinder zu begleiten, ihre Fragen zuzulassen und ihnen Möglichkeiten der Verarbeitung anzubieten. Den Kindern wurde freigestellt, ob sie an der Beerdigung teilnehmen wollten oder nicht. Viele sind gekommen. Der Tod war plötzlich mitten in ihr Leben gekommen und es war gut, dass es Möglichkeiten und Orte gab, um darüber zu sprechen.

Letztlich führt uns die Frage nach dem Tod in das Zentrum des christlichen Glaubens. Glauben wir das, was in der Bibel steht – dass Jesus den Tod bezwungen hat? Dass durch den einen Tod von Jesus am Kreuz die Unwiderruflichkeit des Todes gebrochen ist? Dass dieser Glaube an Gott über unser jetziges Leben hinaus eine Bedeutung hat?

Die Bibel gebraucht verschiedene Bilder, wenn es um das Sterben geht. So spricht Jesus davon, dass er vorangeht und Wohnungen vorbereitet (Johannes 14). Für Kinder ist dies ein gut nachvollziehbares Bild.

Durch den Tod „ziehen wir um". Es beginnt ein neues, ein anderes Leben in der direkten Nähe Gottes.

Dies war Thema der Ansprache bei der Beerdigung des verunglückten Jungen. Symbolisch für den „Umzug" ließen die Klassenkameraden Ballons in den Himmel steigen. Für die Kinder war dies ein wichtiger Beitrag, um loslassen zu können. Es war gut, dass dann auch wieder der Alltag einkehren konnte und dass nach und nach die „Schwere" der erlebten Situation verblassen konnte.

Es ist wichtig, die Trauer nicht kleinzureden. Manches ist und bleibt schlimm. Wir als Erwachsene können den Kindern aber das Gefühl geben, dass sie nicht allein sind mit ihrer Trauer, ihrer Wut und ihrem Unverständnis. Andere Menschen stehen ihnen zur Seite. Und über allem gilt Gottes Versprechen, dass er bei uns sein will.

SOLLTEN KINDER MIT ZU EINER BEERDIGUNG GEHEN?

Diese Frage lässt sich nicht ohne Weiteres mit Ja oder Nein beantworten. Es kommt immer sehr auf das Kind selbst an und in welchem Verhältnis es zu dem Verstorbenen gestanden hat. Natürlich spielt auch das Alter des Kindes eine Rolle. Ich persönlich würde vermutlich Kleinkinder unter drei Jahren nicht mit

zu einer Beerdigung nehmen, aber ab dem Kindergartenalter kommt es sehr auf das Kind an. Reagiert Ihr Kind insgesamt sehr sensibel, kann eine Teilnahme an einer Beerdigung verstörend wirken. Andererseits kann es auch durchaus eine gute Erfahrung für das Kind sein, wenn es die Möglichkeit hat mitzuerleben, wie gemeinsam von dem Verstorbenen Abschied genommen wird. Und auch, wenn das Kind noch nicht alles versteht:

!

Eine Trauerfeier, in der von dem Glauben, der Hoffnung und der neuen Welt Gottes die Rede ist, kann auch Kindern neuen Mut geben.

Wenn Sie sich gemeinsam mit dem Kind für eine Teilnahme entscheiden, dann sollte das Kind gut auf das vorbereitet sein, was es dort erwartet. Sie sollten mit ihm den Ablauf besprechen und auch erwähnen, dass Erwachsene zu erwarten sind, die traurig sind und weinen. Das kann Kinder sonst leicht irritieren, denn es ist ungewöhnlich, dass Erwachsene in der Öffentlichkeit Tränen zeigen.

Versuchen Sie, dem Kind Hilfestellungen zu geben. Möchte es vielleicht ein Kuscheltier mitnehmen? Will es bei der Trauerfeier auf dem Schoß sitzen? Will es die Blumen halten, die Sie dann anschließend auf das Grab stellen? Oder hat es ein Bild für den Verstorbenen gemalt? Wenn Sie als Eltern direkt als Trauernde betroffen sind, wäre es gut, Ihrem Kind eine vertraute Person zur Seite zu stellen, die sich während der Trauerfeier um das Kind kümmert und seine Fragen beantworten kann, sodass auch Sie selbst Raum zum Trauern haben.

Bei der Beerdigung meines Vaters sprach die Pfarrerin während des Trauergottesdienstes unsere Kinder direkt an. Sie sprach darüber, wie sehr die Kinder ihn wohl vermissen und dass er für sie als Enkelkinder ein liebevoller Opa gewesen war. Das Benennen ihrer Gefühle tat unseren Kindern gut. Jemand anderes konnte ihrer Traurigkeit Worte verleihen. Unsere Kinder (zu der Zeit im Alter von 5, 9, 12 und 14 Jahren) hatten vorher gemischte Gefühle, ob sie an der Beerdigung teilnehmen wollten oder nicht. Alle entschieden sich letztlich dafür und beurteilen es im Nachhinein als eine gute und wertvolle Erfahrung. Für sie wurde durch die Beerdigungsfeier eine Art „Abschluss" gesetzt. In ihnen war etwas aufgewühlt, was nun zur Ruhe kommen konnte.

In Gesprächen über ihren Großvater im Rückblick erinnern unsere Kinder sich gerne an die schönen gemeinsamen Erlebnisse, was typisch für ihren Opa war und was sie mit ihm verbunden haben. Der Friedhof ist ein Ort des Erinnerns geworden; ein Ort, der nicht mit Angst oder Unwohlsein besetzt ist.

WAS KOMMT NACH DEM STERBEN?

Bewegt hat unsere älteren Kinder die Frage nach dem Himmel. Können wir sicher sein, dass der Opa jetzt bei Gott ist? Was wird aus den Menschen, die nicht an Gott geglaubt haben? Gibt es so was wie eine „Hölle"?

Das sind schwierige Fragen. Einerseits haben wir den biblischen Befund, dass „nur wer glaubt, selig wird" (Markus 16,16 nach Lutherübersetzung). Das sollten wir auch ernst nehmen, denn sonst fallen wir in eine Beliebigkeit, die so nicht gemeint sein kann. Andererseits haben wir konkret bestimmte Menschen vor Augen, die aus den verschiedensten Gründen nicht glauben wollen oder nicht glauben können. Viele Gemeindebewegungen haben darum gerungen, wer nun am Ende wirklich gerettet wird und wer nicht. Das finde ich problematisch. Natürlich müssten wir niemanden zum Glauben einladen, wenn am Ende sowieso alles egal ist – aber ist es nicht eine Sache Gottes, dies zu beurteilen?

Niemand außer Gott kennt den einzelnen Menschen durch und durch; er schaut jedem ins Herz und weiß, wie er es meint.

!

Meiner Meinung nach frisst der Streit um diese Frage viel Energie. Wem oder was nutzt es, wenn wir einteilen, wer in unseren Augen „rechtgläubig“ und „gerettet“ ist und wer nicht? Christen sprechen sich gegenseitig den Glauben ab – dabei ist diese Entscheidung ganz allein Gottes Sache. Wir sind für viele Dinge in der Welt verantwortlich, auch was die Frage betrifft, wie wir persönlich es mit Gott und dem Glauben halten. Aber ich bin überzeugt, dass die Beurteilung über ein Menschenleben nicht in unseren Verantwortungsbereich gehört. Letztlich schauen wir nur mit unserer begrenzten Sicht auf die Dinge. Vielleicht hat Gott ganz andere Möglichkeiten? Vielleicht gibt es Dinge, die noch im Verborgenen liegen und für unsere Augen (noch) nicht sichtbar sind.

So konnte ich meinen Kindern letztlich nur antworten, dass ich keine Antwort auf ihre Frage habe. Doch ich konnte sie ermutigen, Gott zu vertrauen und auf seine Sicht über den einzelnen Menschen und seine Barmherzigkeit zu hoffen. Das gilt auch für ihren Großvater. In meinen Augen wäre es vermessen, über sein Seelenleben ein Urteil zu sprechen. Ich vertraue auf Gottes Möglichkeiten. Gott konnte in sein Herz schauen und hat seine letzten Lebensstunden gesehen und begleitet. Wer weiß, was ihm durch den Kopf ging in der Sterbestunde? Durch uns als Familie und besonders durch unsere Kinder hat er an verschiedenen Stellen Einblick bekommen, was unseren Glauben ausgemacht hat. So hat er beispielsweise die sehr eindrückliche Taufe unserer ältesten Tochter miterlebt, bei der sie sehr offen darüber sprach, was Gott und Jesus für sie bedeuten. Wir wissen nicht, was das bei ihrem Großvater ausgelöst hat. Gott weiß es – und das muss uns in diesem Fall genügen.

Dennoch gibt uns die Bibel Hinweise darauf, dass es nicht egal ist, ob wir im Leben zu Gott gehören wollen oder nicht. Gott hat den Menschen einen freien Willen gegeben, nach dem sie prüfen und entscheiden können, ob sie an ihn glauben wollen oder nicht. Im Abschnitt zu Ostern und Karfreitag habe ich schon die Bedeutung des Kreuzes erklärt. Gott wollte wieder Gerechtigkeit herstellen und diese Gerechtigkeit können Menschen allein durch den Glauben erhalten. In Römer 3,22-26 lesen wir:

Gott spricht jeden von seiner Schuld frei und nimmt jeden an, der an Jesus Christus glaubt. Nur diese Gerechtigkeit lässt Gott gelten. Denn darin sind die Menschen gleich: Alle sind Sünder und haben nichts aufzuweisen, was Gott gefallen könnte. Aber was sich keiner verdienen kann, schenkt Gott in seiner Güte: Er nimmt uns an, weil Jesus Christus uns erlöst hat. Um unsere Schuld zu sühnen, hat Gott seinen Sohn am Kreuz für uns verbluten lassen. Das erkennen wir im Glauben und darin zeigt sich, wie Gottes Gerechtigkeit aussieht. Bisher hat Gott die Sünden der Menschen ertragen; er hatte Geduld mit ihnen. Jetzt aber vergibt er ihnen ihre Schuld und erweist damit seine Gerechtigkeit. Gott allein ist gerecht und spricht den von seiner Schuld frei, der an Jesus Christus glaubt.

Hier wird noch mal deutlich, dass Jesus die Strafe auf sich geladen hat. Wir Menschen brauchen kein weiteres Opfer zu geben oder uns sonst zu bemühen. Unsere Aufgabe ist es, dem Geschehen zu glauben und unser Leben Gott zu unterstellen. Das passiert nicht automatisch.

Gott macht ein Angebot und wir können überlegen, ob wir auf dieses Angebot eingehen oder nicht.

Dieses Angebot gilt so lange, bis Jesus wiederkommen wird. Jesus bereitet die „Wohnungen“ vor. Und „wenn alles bereit ist, werde ich kommen und euch zu mir holen. Dann werdet ihr auch dort sein, wo ich bin“ (Johannes 14,3).

Wenn Jesus also wiederkommt, wird unsere Welt, so wie sie jetzt besteht, zu Ende sein. Alles ist schon geschehen, damit Gott wieder mit den Menschen zusammen sein kann. Bevor diese neue Welt dann anbrechen wird, gibt es eine Art Gericht – manche nennen es das „Jüngste Gericht“.

!

Es ist nicht egal, wie wir auf dieser Welt gelebt und wie wir uns gegenüber Gott verhalten haben.

In der Offenbarung (Kap. 20) ist vom Weltgericht die Rede. Gott öffnet die „Bücher des Lebens“. Er wird sich anschauen, wie die Menschen gelebt haben, und darüber ein Urteil sprechen.

In der neuen Welt werden nur die Menschen leben können, die an Gott geglaubt und ihm vertraut haben. Was mit den anderen Menschen passiert, darüber wissen wir nicht viel. Sie werden an einen Ort der Gottesferne kommen. Die Bibel ist zurückhaltend mit drastischen Bildern. Es wird aber deutlich, dass Gott auch der Richter ist. Mir zeigen diese Texte, wie ernst Gott es meint. Es ist sein tiefstes Anliegen, dass Menschen wieder in Gemeinschaft mit ihm kommen.

Darauf sollten wir auch im Gespräch mit Kindern den Schwerpunkt legen: Gott hat Sehnsucht nach dieser Gemeinschaft mit den Menschen. Er freut sich riesig, wenn jemand zu ihm findet. Dann gibt es große Freude im Himmel (Lukas 15,7)! Angst einflößen und Drohen mit der ewigen Verlorenheit ist meines Erachtens keine gute Motivation. Ich wünsche mir, dass unsere Kinder fröhlich und ohne Angst Gott nachfolgen, nicht geprägt von der Furcht vor Schuld oder Versagen. Dass sie von seiner Liebe berührt werden, die natürlich eine Auswirkung auf das Leben nach dem Tod hat, aber auch schon jetzt im Leben.

Ich habe im Gespräch mit Grundschulkindern erlebt, dass dieser Gedanke des letzten Urteils für sie ein beruhigender Gedanke ist.

Meist besitzen Kinder in diesem Alter ein ausgeprägtes Gefühl für Gerechtigkeit.

Sie erleben selbst Ungerechtigkeit unter Mitschülern oder bekommen über die Medien von den Ungerechtigkeiten in der Welt mit. Was ist mit den Menschen, die wirklich Schlimmes tun? Verbrecher? Kriegsherren? Diktatoren? Die Aussagen der Bibel zeigen ihnen, dass nicht jeder tun und lassen kann, was er will. Bei Gott ist auch das nicht verloren. Wenn jemand seine Taten niemals bedauert oder wiedergutmacht, dann gibt es am Ende eine Strafe dafür. Gott hat diese Ungerechtigkeiten im Blick, auch wenn schlimme Taten in der menschlichen Welt manchmal ungesühnt bleiben. Erst Gott schafft eine letztgültige Gerechtigkeit. Im 2. Petrusbrief, Kap. 3 beschreibt Petrus diese Sehnsucht nach Gerechtigkeit: „Wir alle aber warten auf den neuen Himmel und die neue Erde, die Gott uns zugesagt hat. Wir warten auf diese neue Welt, in der es endlich Gerechtigkeit gibt."

Gott verspricht, dass diese Gerechtigkeit einmal eintreten wird.

6 | Der Himmel

Wie sieht es im Himmel aus? Was macht man da? Erkennt man sich noch wieder? Gibt es dort Tiere?

Wenn die Bibel vom Himmel spricht, dann meint sie meist nicht das, was wir über uns sehen können. Wir denken bei Himmel ja erst einmal an das blaue oder graue Firmament über uns oder an den nächtlichen Himmel mit Mond und Sternen.

Die englische Sprache ist in diesem Punkt genauer. Sie unterscheidet zwischen „sky“ (dem sichtbaren Himmel) und „heaven“ (als Ort, an dem Gott wohnt).

Die Bibel spricht meist von diesem zweiten Himmel – dem Ort, an dem Gott wohnt. Auch wenn wir wissen, dass Gott gleichzeitig überall sein kann, scheint es doch diesen Ort zu geben. Als Jesus nach der Auferstehung die Erde verließ, gab es die sogenannte „Himmelfahrt". Jesus wurde von der Erde hinweg in den Himmel gehoben, wo er jetzt bei Gott, dem Vater, ist.

Kinder fragen mich manchmal, was Gott und Jesus wohl den ganzen Tag dort tun. Das weiß ich natürlich nicht, aber ich stelle mir vor, dass sie sich in unterschiedlicher Weise um die Menschen kümmern. Dass sie auf Gebete antworten, dass sie mit den Menschen traurig sind, dass sie vielleicht sogar zornig oder wütend sind. Ich stelle mir den Himmel als einen Ort vor, an dem es friedlich zugeht, wo Gott als der Herrscher der Welt thront. In der Offenbarung, dem letzten Buch der Bibel, wird dieser Ort ein wenig beschrieben. Es ist ein Ort, der sich von unserer Welt stark unterscheidet. Es gibt dort kein Leiden und keine Schmerzen. Menschen leben eng mit Gott zusammen und haben für immer mit ihm Gemeinschaft. Jesus ist jetzt schon dort und auch die vielen Menschen, die vor uns gestorben sind. Bei der Kreuzigung hing neben Jesus ein Verbrecher am Kreuz, der ihn direkt um Hilfe anflehte. Jesus versprach ihm: „Ich versichere dir: Noch heute wirst du mit mir im Paradies sein." (Lukas 23,43) Für Menschen, die Jesus vertraut haben, beginnt dieses ewige Zusammensein mit Gott offenbar gleich. Wie der „Ablauf" in allen Einzelheiten sein wird, darüber berichtet uns die Bibel nichts. Sicher ist:

> Es gibt den Himmel als einen Ort, an dem Gott mit den Menschen wohnt.

Und es gibt ein „Gericht", vor dem alle Menschen geprüft werden.

Im Himmel werden diesseitige Gegebenheiten aufgelöst oder verändert sein. Z. B. werden Tiere, die sich hier auf dieser Erde gegenseitig bedrohen und töten, im Himmel miteinander leben können. In Jesaja 65 spricht der Prophet davon, dass „Wolf und Lamm ... friedlich zusammen weiden" werden. Damit ist auch die Frage nach den Tieren beantwortet. Das ist ein guter Trost für Kinder, wenn sie wissen, dass bei Gott auch ihre (verstorbenen) Haustiere einen Platz haben.

Vieles wird vermutlich völlig anders sein. Sicherlich ist unser menschlicher Verstand begrenzt in der Vorstellung vom Himmel oder es gibt Dinge, die wir noch nicht ahnen und verstehen können. Wir wissen aber: Im Himmel können Menschen Gott direkt sehen und es wird dort allen gut gehen. Für Kinder ist das sehr spannend. Sie wissen, dass sie mit Gott reden können und dass er sie hört, aber sehen können sie ihn bisher nicht. Gott wirklich zu sehen und ihm gegenüberzustehen, das geht erst in Gottes neuer Welt.

Ein Freund erzählte mir von einem Gespräch mit seiner vierjährigen Tochter am Mittagstisch. Sie äußerte scheinbar ohne Zusammenhang, dass sie gerne sterben würde. Beide Eltern waren zunächst furchtbar erschrocken: Was ist so schrecklich, dass ihr Kind sterben will? Es kam dann aber schnell heraus, dass eigentlich alles in Ordnung war, dass das Kind aber eine große Neugier und eine Sehnsucht hatte, Gott einmal direkt zu begegnen. Sie wünschte sich, das zu sehen, wovon die Eltern immer erzählen; den zu treffen, zu dem sie immer beten.

Natürlich wollen wir in Kindern keine Todessehnsucht wecken. Dennoch hat mich dieses Gespräch nachdenklich gestimmt. Können wir nicht auch in diesem Punkt von Kindern lernen? Wann hatte ich zuletzt eine so große Sehnsucht nach Gottes Nähe? Wann konnte ich es kaum abwarten, direkte Gemeinschaft mit Gott zu haben? Wo ist mein Glaube überlagert von meinem Alltag, wo ich mich gut „eingerichtet“ habe, wo vielleicht auch der Glaube an Gott etwas Alltägliches geworden ist?

Wir möchten, dass unsere Kinder fröhlich und mutig ins Leben gehen im Wissen, dass Gott auch schon in diesem Leben viel Gutes für sie bereithält. Wir dürfen ihnen aber eben auch eine Perspektive für das Leben nach dem Tod aufzeigen.

Es ist für Kinder oft eine große Beruhigung, dass verstorbene Haustiere oder vertraute verstorbene Menschen bei Gott einen Platz haben können.

Schon häufiger habe ich die Bibelstelle aus Johannes 14 erwähnt, wo es heißt, dass Jesus vorangeht und Wohnungen bereitet. Eine Freundin erzählte mir von einem „Bild“, das sie sich bei der Beerdigung ihres Vaters vorstellte. Sie sah einen langen Flur, ähnlich wie in einem Mietshaus mit vielen Türen. Auf jeder Tür stand ein Name. Sie ging durch diesen Flur und entdeckte auf einer Tür den Namen ihres Vaters. Sie empfand dieses Bild sehr tröstlich: Gott hatte die Ankunft des Verstorbenen vorbereitet; es gab schon eine Wohnung für ihn mit seinem Namensschild an der Tür.

Vermutlich wird es im Himmel keine Art Mietshaus geben. Der Himmel wird vielleicht eher eine Art Wiederherstellung des Paradieses sein, wie es ganz zu Anfang der Bibel beschrieben wird. Dort wird das Paradies als schöner und üppiger Garten beschrieben. Mir erscheint das Wichtigste daran die unmittelbare Nähe zu Gott – wie dann das „Drumherum" aussieht, ist vielleicht gar nicht so bedeutend.

Wir kennen auch das gute Gefühl, wenn wir von einem lieben Menschen erwartet werden. Wir sind eingeladen! Der Tisch ist schön gedeckt; jemand hat für uns Betten gerichtet und einen Strauß Blumen neben das Bett gestellt. Kinder brauchen besonders diese Erfahrungen der Wertschätzung. Nichts empfinden sie schlimmer, als wenn jemand z. B. ihren Geburtstag vergisst oder sie in ihren Bedürfnissen nicht sieht und wahrnimmt. Das kann im Miteinander schnell passieren – bei Gott passiert es nicht. Er sieht jeden Menschen ganz individuell und hat unser „Heimkommen" zu ihm, dem Vater im Himmel, schon jetzt im Blick.

Wie es dann konkret aussehen wird im Himmel, das wissen wir nicht. Aber es ist nichts, was uns Angst machen muss, denn auch hier gilt, dass Gott alles in seinen Händen hält und dass er „Schöpfer und Vollender" sein wird.

7 | Die Dreieinigkeit (Trinität)

Gibt es drei Götter? Was ist der Heilige Geist? Zu welchem Gott soll ich jetzt beten?

Vielleicht sind Ihnen diese Fragen schon im Umgang mit Kindern begegnet. Meist entstehen solche Fragen, wenn Kinder bei sich oder bei anderen eine Taufe erleben. Getauft wird im „Namen des Vaters, des Sohnes und des Heiligen Geistes". Tatsächlich kommt die direkte Formulierung dieser Dreieinigkeit nur am Ende des Matthäusevangeliums zur Sprache. Dort gibt Jesus den Auftrag (Matthäus 28,18-20):

Ich habe von Gott alle Macht im Himmel und auf der Erde erhalten. Geht hinaus in die ganze Welt und ruft alle Menschen dazu auf, mir nachzufolgen! Tauft sie im Namen des Vaters, des Sohnes und des Heiligen Geistes! Lehrt sie, so zu leben, wie ich es euch aufgetragen habe. Ihr dürft sicher sein: Ich bin immer bei euch, bis das Ende dieser Welt gekommen ist!

„Haben wir nun also drei Götter?" – „Zu wem beten wir?" – „Ist vielleicht jeder Gott für etwas anderes zuständig?" So kommen die Fragen im Kindergottesdienst. Sicher können wir sagen, dass es sich nicht um drei voneinander losgelöste Götter handelt, ähnlich den Göttern im griechischen oder römischen Denken, wo jeder Gott und jede Göttin für einen anderen Bereich des Lebens „zuständig" war.

Das Christentum ist eine monotheistische Religion, d. h. es gibt nur einen Gott.

In 5. Mose 6,4 steht: „Der Herr ist unser Gott, der Herr allein." Und im Neuen Testament lehrt Paulus das Gleiche (Römer 3,30): „Es ist ein und derselbe Gott." Dennoch wurde u. a. aufgrund der genannten Bibelstelle aus Matthäus 28 in der frühen Kirche die Lehre der „Dreieinigkeit" oder lateinisch „Trinität" entwickelt.

Thomas Weißenborn fasst es so zusammen:

Diese Lehre besagt, dass Vater und Sohn und Heiliger Geist jeweils ganz Gott sind, dass es allerdings nur einen Gott gibt. Man spricht daher von einem Gott in drei Personen. Hierbei handelt es sich im wahrsten Sinne des Wortes um ein Geheimnis des Glaubens, denn die Dreieinigkeit lässt sich mit dem Verstand nicht wirklich erfassen. Gott selbst hat uns einige Hinweise gegeben. Zum einen redet er vom Menschen als seinem Ebenbild und spricht dabei nicht nur ausdrücklich von Mann und Frau, sondern auch von sich in der Mehrzahl (1. Mose 1,26-27). Offensichtlich ist also die Ehe Abbild der Dreieinigkeit Gottes, wie sich auch noch an anderer Stelle zeigt (1. Mose 2,24). Ein ähnliches Bild zeigt sich auch in dem Gebet Jesu, der die Gemeinschaft zwischen den Christen mit der Gemeinschaft zwischen Vater und Sohn vergleicht (Johannes 17,20-23). Wenn wir also unseren Kindern von der Dreieinigkeit erzählen, sollten wir dies mit dem Bild der Gemeinschaft tun, denn dies ist die Vorgehensweise der Bibel.[13]

13 Weißenborn, S. 157.

Gott ist also von Anfang an auf Gemeinschaft angelegt. Das ist für Kinder häufig ein schöner Gedanke, denn auch sie erleben es in ihrem Alltag, wie wichtig ein gutes Miteinander ist. Oft ist man gemeinsam „stärker" als allein.

Wie in einer Familie die einzelnen Mitglieder unterschiedliche Aufgaben und Rollen haben, ist Gott in verschiedenen Facetten ansprechbar und erlebbar.

GOTT VATER, GOTT SOHN, GOTT HEILIGER GEIST

Gott in drei Personen zeigt die große Vielfältigkeit Gottes auf. Von daher stimmt der Gedanke der unterschiedlichen „Zuständigkeiten" schon ein wenig.

Die Bibel beschreibt uns „Gott den Vater" als den Schöpfer und Herrscher im Himmel und auf Erden. „Gott der Sohn" – Jesus – ist die Person Gottes, die ganz Mensch wurde und auf der Erde lebte und wirkte. „Gott der Heilige Geist" ist die Person Gott, die Jesus als Gabe gibt, wenn er nicht mehr leibhaftig auf der Erde leben wird.

Wenn wir also Kinder (und natürlich auch Erwachsene) im Namen des dreieinigen Gottes segnen, kommen alle diese genannten Aspekte zum Tragen.

Meiner Erfahrung nach ist dabei der Heilige Geist für Kinder oft am schwierigsten zu verstehen und zu begreifen. Kinder, die mit dem christlichen Vokabular nicht vertraut sind, stellen sich häufig eine Art Gespenst mit weißem Gewand vor. Das ist sicherlich nicht das Bild, das die Bibel uns vermittelt. Vielmehr wird der Heilige Geist als Tröster beschrieben, der Glaube in Menschen wecken kann und sie im Glauben hält. Dabei ist es nicht wichtig, wie der Heilige Geist „aussieht". Ebenso wie wir kein Bild von Gott, dem Vater, haben können, haben wir auch keines von der Person des Heiligen Geistes. Viel wichtiger ist in der Bibel sein Tun: Er ruft Menschen zum Glauben und beauftragt sie. Der Heilige Geist hilft Menschen, im Glauben zu wachsen, er ermutigt und tröstet sie.

Als Jesus seinen Freunden ankündigte, dass er sterben würde, waren sie natürlich sehr traurig. Jesus gab ihnen das

Versprechen, dass Gott jemanden schicken würde, der von nun an für sie da wäre. „Dann werde ich den Vater bitten, dass er euch an meiner Stelle einen Helfer gibt, der für immer bei euch bleibt. Dies ist der Geist der Wahrheit." (Johannes 14,16-17) An Pfingsten (Apostelgeschichte 2) konnten die ersten Christen das genau so erleben. Erst waren sie ängstlich und mutlos – dann schenkte Gott den Heiligen Geist. Und auf einmal konnten sie mutig in vielen Sprachen von Gott erzählen.

Vielleicht ist die Vorstellung hilfreich, dass der Heilige Geist so etwas ist wie „Gott ist in uns". Durch ihn ist Gott uns ganz nahe. Er kann uns mutig machen und unseren Glauben auch unter schwierigen äußeren Bedingungen bewahren.

So dürfen wir Kinder ermutigen, diese unterschiedlichen Personen Gottes zu entdecken, und ihnen zeigen, dass sie auch beispielsweise im Gebet jede Person Gottes ansprechen können. Es ist spannend, in der Bibel genau zu lesen, welche Person Gottes im Text vorkommt und mit welchen Eigenschaften sie beschrieben wird. Ich wünsche es mir, dass unsere Kinder im Laufe ihres Lebens die ganze Fülle Gottes mit allem Reichtum entdecken können.

8 | Die Fragen rund um die Bibel

Wer hat das geschrieben? Warum sollen die alten Geschichten für uns heute wichtig sein? Warum gibt es ein altes und ein neues Buch davon? Warum gibt es vor jedem Satz eine Zahl?

Wenn wir Kinder mit dem Glauben an den dreieinigen Gott vertraut machen wollen, geht das nicht ohne die Bibel. Die Bibel wird das „Buch der Bücher" oder das „Wort Gottes" genannt, was ihre Besonderheit hervorhebt. Sie ist das meistverkaufte und meistgelesene Buch der Welt. Allein der Weltbund der Bibelgesellschaften druckt jährlich etwa 20 Millionen Bibeln, daneben werden weitere Millionen von Neuen Testamenten, Einzelteilen oder Auswahltexten herausgebracht. Die Bibel ist inzwischen in etwa 2500 Sprachen erhältlich.[14]

---

14 Quelle: Deutsche Bibelgesellschaft.

Das alles zeigt schon, dass die Bibel ein außergewöhnliches Buch ist. Eigentlich ist es eine ganze Bücherei, denn die Bibel besteht aus vielen kleinen Büchern. Sie ist in zwei Teile geteilt: das Alte und das Neue Testament. Das Wort „Testament“ kennen manche Kinder, wenn es um eine Erbschaft geht. Der Verstorbene hat aufgeschrieben, wie sein Besitz nach seinem Tod verteilt werden soll. So ähnlich ist das auch bei der Bibel. Gott gibt uns quasi ein Vermächtnis – auch wenn er natürlich nicht verstorben ist. Alles, was die Menschen für ihr Leben wissen sollen, ist dort aufgeschrieben. Die Menschen in der ersten Zeit der Kirche haben darüber entschieden, welche Texte in die Bibel aufgenommen werden und dass nichts mehr hinzugefügt werden soll.

In der Bibel können wir nachlesen, wie die Welt entstanden ist und wie das Zusammenleben der Menschen untereinander und mit Gott gelingen soll.

Gott stellt sich selbst und seine Sicht von der Welt vor – dies vor allem in der Person von Jesus. Es wird uns von Menschen berichtet, die ihren Lebensweg mit Gott gegangen sind. Die Bibel erzählt davon, welche Erfahrungen sie mit Gott gemacht haben.

Interessanterweise enthält die Bibel nicht nur Worte Gottes an den Menschen, sondern es gibt viele Texte, in denen Worte des Menschen an Gott aufgeschrieben sind, z. B. in den Psalmen. Das ist für uns heutige Leser sehr wichtig, denn so bekommen wir Einblick in das Denken und in den Glauben der Menschen, die lange vor uns gelebt haben. Meistens sind es keine Heldengeschichten, die wir da lesen. Immer wieder wird auch vom Scheitern und Versagen berichtet; es begegnen uns Mörder, Verräter, Lügner und Betrüger. Wir lesen von Menschen, die verzweifelt waren und Gott ihre Klage entgegenschrien. Es geht aber auch um Menschen, die mutig für ihren Glauben eingetreten sind und um Gottes Weg für ihr Leben gerungen haben. Diese Vielfalt ist für mich persönlich ein tröstlicher Aspekt, denn sie zeigt alle Facetten menschlichen Lebens auf. Die Bibel verschweigt nicht, dass Menschen Probleme haben, dass sie versagen und an Gott und den Mitmenschen schuldig werden. Immer wieder wird aber auch von Gottes Gnade berichtet und dass ein Neuanfang auch in verfahrenen Situationen möglich ist.

Im Neuen Testament geht es vor allem um Jesus und um das, was er gesagt und getan hat. Aber auch im Alten Testament können wir vieles über Gottes Wesen erfahren und lesen, wie er mit Menschen umgegangen ist.

!

Die Bibel wurde von verschiedenen Menschen aufgeschrieben.

Sie ist nicht einfach so „vom Himmel gefallen“, deshalb gibt es verschiedene Autoren. Gott hat nicht persönlich die Texte diktiert, sondern die Menschen haben ihre Erfahrungen mit Gott weitererzählt und aufgeschrieben. Dabei haben sie auf Gottes Heiligen Geist vertraut, sodass die Texte wirklich zu „Gottes Wort“ werden konnten. So erklärt sich auch, dass Menschen bis heute aus der Bibel Hilfestellungen für ihr Leben bekommen. Deshalb sprechen wir auch manchmal vom „lebendigen Wort“: Menschen lesen Texte und haben den Eindruck, dass Gott durch diese Texte direkt mit ihnen spricht und sie dadurch Trost und Rat erhalten.

Dennoch ist es auch wichtig, dass wir die biblischen Texte im Zusammenhang der damaligen Zeit lesen. Viele Gebote oder Vorschriften haben für uns keine Bedeutung mehr, weil wir die Fragestellung der damaligen Menschen gar nicht mehr haben. Das bedeutet, dass wir die Antworten auf unsere Zeit übertragen müssen. Wir sind zur Auseinandersetzung gefordert, was die damaligen Situationen und das, was dazu in der Bibel gesagt wird, für unser Leben heute bedeuten. Das ist nicht immer eindeutig und über manche Frage sind auch Christen sich uneinig.

WIE GEHEN WIR MIT DEN GRAUSAMEN SCHILDERUNGEN DER BIBEL, VOR ALLEM IM ALTEN TESTAMENT, UM?

Darauf gibt es keine eindeutige Antwort. Wie schon an anderer Stelle erwähnt, wäre ich mit grausamen Geschichten und Ausführungen bei Kindern sehr vorsichtig. Manche Stelle der Bibel liest sich wie eine Kriminalgeschichte und zeigt auf schlimme Art und Weise, wozu Menschen fähig sind. Da werden Menschen getötet, indem ihnen ein Mühlstein an den Kopf geworfen wird (nachzulesen in Richter 9), oder es wird uns von einer Vergewaltigung berichtet (1. Mose 34).

Manche Texte über kriegerische Auseinandersetzungen sind einerseits für unsere Ohren hier in Europa fremd – andererseits auch wieder nicht, wenn wir die heutigen Kriegsschauplätze der Welt betrachten. Wie schon zu biblischen Zeiten geht es auch dort um Macht, Ländergrenzen und Ressourcen. Die Bibel zeichnet ein sehr realistisches Bild, das sich bis heute nicht geändert hat. Viel schwieriger wird es, wenn Gott als der dargestellt wird, der Leid nicht verhindert, sondern der es zulässt. Dies ist beispielsweise im Buch Hiob der Fall. Der Satan will Hiob auf die Probe stellen, was Gott ihm sozusagen „erlaubt". Das hört sich für unsere Ohren befremdend an. Doch gerade die Hiobgeschichte zeigt, dass Gott in allem der Souveräne ist und bleibt. Selbst der Satan kann ohne Gottes Erlaubnis nichts tun und Hiob hält trotz der schlimmen Dinge, die ihm widerfahren, an Gott fest.

Da wird an unserem Gottesbild gerüttelt und manches von Gottes Handeln bleibt uns fremd und unverständlich. Vielleicht liegt das an der Vorstellung, die wir von der Welt haben. Wir stellen uns vor, dass Gott auf der einen Seite steht und auf der anderen Seite ihm gegenüber das „Böse". Dazwischen, so überlegen wir, herrscht ein ewiger Streit und Kampf.

Das ist aber nicht die biblische Sicht. Sicherlich gibt es das „Böse", aber Gott ist in allem größer. Er hat das „Böse" – den Tod – schon längst ein für alle Mal besiegt. Nichts geschieht außerhalb seines Einflussbereiches. D. h. dann aber auch, dass Gott Schlimmes zulässt, dass er es nicht verhindert und manches Leid sogar verursacht. Das ist nicht logisch und lässt sich auch nicht erklären. Ein tröstlicher Gedanke bleibt, dass Gott in allem souverän ist und dass letztlich alles in seiner Hand liegt. Da brauchen wir das Vertrauen, dass er die große Sicht hat und alles zum Guten führen wird.

Wie gehen wir also damit um? Letztlich können wir diese Spannung nie ganz auflösen. Manches lässt sich erklären mit den besonderen Umständen der biblischen Lebenswelt, manches aber bleibt in unseren Ohren einfach unverständlich.

Bei Kindern würde ich bei alttestamentlichen Geschichten immer die Aspekte der Gnade und des eingreifenden Handelns Gottes hervorheben.

!

Am Beispiel der Noahgeschichte hieße das …

- *den Weg Gottes mit Noah zu betonen, der gottgefällig und gehorsam gelebt hat; vom Regenbogen zu erzählen als Symbol für Gottes Rettung; dass Gott ein heiliger Gott ist, der gottloses Leben der Menschen nicht geduldet hat;*
- *dass Gott einen Neuanfang geschaffen hat; dass Gott sich um Menschen und Tiere gekümmert hat.*

Da ist es in meinen Augen legitim, wenn wir nicht detailliert schildern, wie die Menschen außerhalb der Arche ertrunken sind.

Wir müssen Kinder nicht mit verstörenden Texten konfrontieren. Es ist gut, wenn wir die biblischen Texte sorgsam auswählen, die wir mit Kindern lesen oder ihnen erzählen. Die meisten Kinderbibeln geben dafür eine gute Vorgabe, indem sie schon eine Auswahl getroffen haben. Es ist völlig in Ordnung, wenn wir für Kinder Geschichten auswählen, in denen Gottes Gnade und seine große Liebe zu den Menschen betont werden. Kinder brauchen ein Fundament für ihren Glauben, der nicht auf Angst oder Irritation beruht. Die kritische Auseinandersetzung und das Hinterfragen des Glaubens durchleben viele dann als Jugendliche oder junge Erwachsene. Da hat diese Auseinandersetzung dann auch ihren Platz, damit sich (Gott möge es schenken!) ein reifer und eigenständiger Glaube entwickelt.

Insgesamt ist es wichtig, dass Kinder den Umgang mit der Bibel einüben und lernen, ihre Bedeutung wertzuschätzen.

Auch da sind wir als Eltern und Kindermitarbeiter als Vorbilder gefordert. Welche Bedeutung hat die Bibel für uns? Gebrauchen wir sie regelmäßig? Erleben wir es, dass Gottes Wort für unseren Alltag Bedeutung hat? Und reden wir auch mit unseren Kindern darüber?

Wir müssen Kindern Unterstützung im Umgang mit der Bibel geben. Alleingelassen verlieren sie schnell den Überblick und die Lust, sich mit ihr zu beschäftigen. Da die Bibel kein Buch ist, das man in erster Linie von vorne bis hinten durchliest, brauchen sie Hilfestellungen. Es gibt gute Bücher, Zeitschriften und Bibellesehilfen für Kinder (siehe Literaturtipps). In den Bibellesehilfen für Kinder unterschiedlichen Alters werden überschaubare biblische Texte vorgeschlagen, erklärt und mit Fragen, Rätseln oder persönlichen Erlebnissen der Autoren greifbar und begreifbar für Kinder gemacht. Dazu braucht es eine gute Einführung. Wir haben beispielsweise Gemeindefreizeiten genutzt, um Kindern einen Einstieg ins Bibellesen zu geben. Oft ist es in der Gruppe motivierender und sie erhielten eine „Starthilfe" zum Lesen zu Hause. Dabei ist es wichtig, dass Kinder eine Bibelübersetzung zur Hand haben, die in moderner Sprache verfasst ist (z. B. Die gute Nachricht; Hoffnung für alle; Das Buch).

WIE KÖNNEN WIR MIT KINDERN BIBELLESEN?

Der Bibellesebund bietet für Kinder ab ca. 9 oder 10 Jahren geeignete Bibellesezeitschriften für das persönliche Bibellesen. Um den Kindern eine Struktur zu geben, wie das gelingen kann, werden folgende Schritte empfohlen:

- *Beten: Lieber Gott, hilf mir bitte, dass ich verstehe, was du mir heute in der Bibel sagen möchtest. Amen.*
- *Lesen: Zuerst schauen, ob der Text im Alten oder Neuen Testament zu finden ist. Bspw. Jeremia 15,16. Jeremia heißt das Buch. 15 bedeutet das Kapitel. 16 bedeutet der Vers, der mit kleinen Zahlen im Text angegeben ist.*
- *Denken: Nun kannst du darüber nachdenken, was du in der Bibel gelesen hast. Folgende Fragen können helfen: Erfahre ich etwas über Gott, Jesus oder den Heiligen Geist? Kommt ein gutes oder ein schlechtes Beispiel von Menschen vor? Finde ich eine Aufforderung, ein Versprechen oder eine Warnung?*
- *Suchen: Was findest du am wichtigsten? Du kannst es dir merken oder aufschreiben.*
- *Beten: Was möchtest du Gott sagen? Hast du etwas beim Bibellesen entdeckt? Magst du Gott danken oder um seine Hilfe bitten? Du kannst mit ihm über alles reden.*
- *Handeln: Wie kannst du das tun, was du in der Bibel gelesen hast? Möchtest du dir etwas vornehmen? Wie kannst du dich daran erinnern?*[15]

Natürlich gibt es auch viele Möglichkeiten, gemeinsam in der Familie Gottes Wort zu entdecken. Vielleicht nutzen Sie einen Familienurlaub, um mit Kindern gemeinsam in die Bibel zu schauen. Oder Sie lernen gemeinsam einen Psalm auswendig! Eine weitere Möglichkeit ist es auch, morgens gemeinsam die Herrnhuter Losungen zu lesen oder sich während des Tages – z. B. beim Zubettgehen – Zeit für eine Familienandacht zu nehmen. Geben Sie der Bibel einen Platz in ihrem Familienalltag. Legen Sie die Bibel griffbereit in Ihre Küche, Ihr Wohnzimmer, Ihr Schlafzimmer, sodass Sie sie schnell zur Hand haben und gemeinsam darin etwas nachschauen können.

15 Entnommen aus der Bibellesezeitschrift *Guter Start*, Bibellesebund, Marienheide.

Wichtig ist aber auch, dass wir den Kindern immer wieder erklären, dass die Bibel kein magisches Buch ist, das in allen Lebenslagen den richtigen Rat hervorzaubert.

Vielmehr ist sie ein Buch, das uns im Leben begleitet und Hilfe sein kann, wenn uns ihr Inhalt vertraut ist. Erzählen Sie Ihren Kindern von Ihren eigenen Erfahrungen mit der Bibel: Wo hat Gott durch die Bibel in Ihr Leben hineingesprochen? Wo haben Sie sich ermutigt oder getröstet gefühlt? Oder wo hat Gott eine Korrektur ausgesprochen? Wo haben Sie einen Rat für eine Entscheidung gefunden?

Nehmen wir Kinder mit hinein in unser Alltagserleben mit Gott. Das gilt für das Leben mit der Bibel, aber auch für unser nächstes Thema: Das Gebet.

9 | Das Gebet

Wer hat das Beten erfunden? Wie kann Gott alle Menschen gleichzeitig hören? Woran merke ich, dass Gott mich hört? Muss ich dazu immer die Augen zumachen? Wie weiß ich, dass Gott antwortet? Muss ich vor dem Essen immer beten? Was heißt Amen?

- *Wir sitzen um den Abendbrottisch, in der Mitte des Tischs steht eine Schüssel mit Cocktailtomaten, die meine Kinder so lieben. Bevor es losgeht, muss ich schon mehrere Male ermahnen, dass wir gemeinsam mit dem Essen beginnen und nicht jeder schon vorher etwas in den Mund steckt. Alle vier Töchter rutschen ungeduldig auf ihren Stühlen hin und her. Ich falte die Hände, schließe die Augen und spreche ein Tischgebet. Als ich die Augen wieder öffne, schaue ich in vier grinsende Gesichter – soweit Grinsen mit je einer kleinen Tomate in der linken und rechten Wange geht. Aha, solange ich die Augen zuhatte, haben sie „heimlich" gestopft ...*
- *Ein Kind betet: „Jedes Tierlein hat sein Essen, jedes Blümlein trinkt von dir. Hast auch uns noch nicht vergessen, lieber Gott, wir danken dir. Amen."*
- *Ich höre mich beim Frühstück sagen: „Nein, du betest jetzt nicht. Heute ist deine Schwester dran!"*
- *Besuch einer Freundin der Tochter. Die Mutter erklärt, dass sie in ihrer Familie immer vor dem Essen beten. Das Besuchskind flüstert ihrer Freundin zu: „Kocht deine Mutter so schlecht?"*

Vielleicht kennen Sie auch solche Geschichten mitten aus dem Leben zum Thema Beten. Während ich in meinen Anfangsjahren als Christ immer dachte, Beten sei ein heiliger und andächtiger Moment, muss ich inzwischen ehrlicherweise nach vielen Jahren Familienleben feststellen, dass die Andächtigkeit nur allzu oft dem Alltagstrubel zum Opfer fällt. Natürlich ist das Gebet immer noch etwas Besonderes – schließlich dürfen und sollen wir mit Gott, dem Allerhöchsten reden! Aber vieles wird doch durch den Alltag relativiert. Ich glaube, das ist auch gar nicht schlimm. Manches Mal habe ich mir vorgestellt, ob Gott jetzt wohl herzhaft mit uns lacht?

Ich glaube, dass Kinder beide Erfahrungen brauchen: die Erfahrung, dass Gebet etwas Heiliges und Besonderes ist – aber auch die Erfahrung, dass Beten Spaß machen darf; dass der Glaube nicht immer eine ernste Sache sein muss, weil er mitten im Trubel des Alltagslebens seinen Platz haben soll.

Bevor wir über die Bedeutung des Gebets für Kinder nachdenken, noch einige Fragen für Sie persönlich:

Das Gebet

- *Welche Bedeutung hat das Gebet für Sie?*
- *Welche Erinnerungen aus Ihrer Kindheit haben Sie selbst im Zusammenhang mit Gebet?*
- *Hatten Sie Verwandte, die für Sie gebetet haben?*
- *Welchen Zugang haben Sie heute zum Beten?*

Wie schon erwähnt, spielt unsere Prägung auch bei diesem Thema eine große Rolle. Deshalb ist es gut und wichtig, die eigenen Erfahrungen zu reflektieren. Manchmal gibt es auch unbewusste Prägungen.

So habe ich persönlich erst als Erwachsene erfahren, dass es eine gläubige Tante in unserer Familie gab. Als ich etwa ein halbes Jahr alt war, musste meine Mutter operiert werden. Ich wurde als Baby für drei Wochen zu dieser Verwandten gegeben, da es damals keine Möglichkeit in den Krankenhäusern gab, Babys mit aufzunehmen. Ich kann mich natürlich bewusst überhaupt nicht an diese Zeit erinnern. Doch kürzlich erwähnte eine andere Verwandte, dass diese inzwischen verstorbene Tante immer für mich gebetet und mir vor allem Kirchenlieder vorgesungen habe. Ich bin mir heute sicher, dass diese frühe Erfahrung mein Leben und später mein Glaubensleben beeinflusst hat. Vielleicht hat sie sogar meine Verbundenheit zur Kirchenmusik geweckt? Ich hätte diese Tante gerne kennengelernt.

In der Bibel steht, dass bei Gott kein Gebet verloren geht. Im Gebet zeigt sich Gott als Gegenüber für den Betenden. Ein Mensch bringt seine Lebenssituation, seine Fragen, seine Zweifel, seine Traurigkeit oder seine Freude zu Gott, weil er bei Gott eine gute Adresse dafür gefunden hat. In Psalm 116 heißt es in der Lutherübersetzung: „Gott neigte sein Ohr zu mir." Was für ein schönes Bild! Gott ist also nicht in unerreichbarer Ferne, sondern wendet sich dem Betenden zu.

Gebet ist wie ein Gespräch, in dem nicht ein anderer Mensch, sondern Gott das Gegenüber ist.

Und weil Gott der Schöpfer der Welt ist, kann er auch alle Gebete, die Menschen rund um den Erdball beten, hören.

Wir sollten Kindern Mut machen, dieses Gespräch mit Gott zu suchen. Das ist in jeder Lebenssituation möglich. Ein paar ganz praktische Beispiele habe ich Ihnen hier zusammengestellt:

DANKGEBET

Ermuntern Sie Kinder zum Gebet für das, worüber sie sich freuen und dankbar sind. Das kann ein einfaches, frei formuliertes Gebet sein: „Danke, lieber Gott, dass es heute gut mit der Mathearbeit geklappt hat." Oder: „Danke, dass heute so schönes Wetter ist und wir im Garten sein können."

Auf diese Weise lernen Kinder, dass nichts selbstverständlich ist und dass Gott der Geber und Erhalter aller Dinge ist. Ihm gebührt die Ehre dafür.

Dazu gehört auch, dass wir Gott loben für das, was er ist und was er tut. In der Bibel gibt es viele Namen für Gott, die wir alle im Gebet auch benutzen dürfen, z. B. der Allmächtige, der Schöpfer, König der Könige, der gute Hirte, der Versorger, die Burg ...

KLAGEGEBET

Hiermit ist alles gemeint, was Kindern Sorgen und Nöte bereitet, worunter sie leiden und was ihnen Angst macht. In der Bibel gibt es das Buch der Psalmen. Nicht wenige davon sind Klagepsalmen. Hier rufen und schreien Menschen ihre Not heraus und bringen ihre Klage zu Gott. Es ist gut, dass die Bibel uns nicht verschweigt, dass es Situationen im Leben gibt, wo Menschen nicht mehr weiterwissen. Dennoch haben sie in Gott jemanden, der auch ihre Klage aushalten kann. Ganz konkret kann das z. B. heißen: „Lieber Gott, ich finde es total blöd, dass mein bester Freund umgezogen ist." Oder: „Ich bin so unendlich traurig und wütend, dass Papa nicht mehr bei uns wohnt."

Wir haben in unserem Gemeindehaus im Keller eine Sandsteinmauer. Manchmal „funktionieren" wir sie als Klagemauer um – angelehnt an die noch erhaltene Westmauer vom Tempel in Jerusalem. Dort stopfen die gläubigen Juden ihre Klagen und Bitten, auf kleine Zettel geschrieben, in die Ritzen der Mauer. Sie tun das im Bewusstsein, dass Gott ihre Klagen annimmt und sie ganz nah bei ihm sind. Manchmal brauchen wir Menschen eine solche äußere Hilfe, um unserem inneren Befinden Ausdruck zu geben. Unsere „Klagemauer" im Gemeindehaus wird jedenfalls von den Kindern genutzt. Sie erfahren auf diese Weise, dass Gott eine gute Adresse ist für die Dinge, die ihnen schwer sind und Probleme bereiten. Es eignet sich auch ein großer Stein, den wir gemeinsam mit den Kindern unter das Kreuz legen. Wir legen ab, was uns das Herz schwer macht, und bringen es zu Gott. Beim Beten geht es immer um eine Beziehung des Vertrauens.

BITTE/FÜRBITTENGEBET

Bei dieser Art Gebet ist Raum dafür, Gott zu sagen, was wir für Bitten für uns oder für andere auf dem Herzen haben. Bitten und Beten klingt schon sprachlich ähnlich. Bei Gott darf alles seinen Platz haben: alle Unsicherheiten, Ängste und Wünsche. Bei der Fürbitte, also der Bitte für einen anderen Menschen, lernt das Kind, von sich wegzuschauen und die Not anderer zu sehen. Für kleinere Kinder ist das noch schwierig, aber spätestens ab dem Kindergarten können Kinder einüben, sich in andere hineinzuversetzen und über deren Situation nachzudenken. Es ist für Kinder eine wichtige Erfahrung, sich nicht nur um sich selbst zu drehen, sondern auch andere, denen es vielleicht nicht gut geht, in den Blick zu nehmen. Kinder üben dadurch Rücksichtnahme, die für ihr ganzes Leben wichtig ist.

Als Eltern oder Kindermitarbeiter können wir Kinder auf ihrem Weg zum eigenständigen Beten begleiten.

Wir können sie in unser Gebet mit hineinnehmen, indem wir Raum dafür schaffen. Wir können z. B. am Abend eine feste Zeit einrichten, in der wir mit dem Kind gemeinsam beten. Vor dem Schlafengehen ist eine gute Möglichkeit, über den Tag und alles Gewesene nachzudenken und es Gott noch mal zu sagen. Oft finden Kinder dann auch zur Ruhe über das, was sie vielleicht noch beschäftigt. Sie können gemeinsam mit Ihrem Kind an Verwandte oder Freunde denken und für sie beten. Vielleicht gab es einen Streit oder auch ein besonders schönes Erlebnis – dann ist jetzt ein guter Zeitpunkt, um es Gott zu sagen. Meist schließen wir unsere Gebete mit „Amen“, das bedeutet so viel wie: „So soll es sein“. Wichtig ist mir noch zu erwähnen, dass wir das Gebet gegenüber unseren Kindern nicht als Erziehungsmittel „missbrauchen“ sollten. So etwa: „Ich bitte dich, Gott, dass Tim nicht mehr so viele freche Wörter zu seiner Oma sagt und dass er sich in der Schule besser benimmt.“ Natürlich dürfen wir Lebensbereiche konkret im Gebet benennen, aber nicht derart, dass wir durch das Gebet Druck aufbauen und Dinge sagen, die wir vielleicht besser im Gespräch lösen sollten. Es sollte uns bewusst sein, dass lautes Beten nicht nur die Kommunikationsebene zu Gott hat, sondern auch immer die Ebene zu dem, der mit zuhört. Es ist also falsch, wenn wir das Gebet nutzen, um alles zu sagen, was wir dem anderen schon immer mal sagen wollten.

Vielleicht sind Sie unsicher, was das freie Beten betrifft. Das ist sicherlich ein Lernfeld, in das man erst hineinwachsen muss. Dennoch glaube ich, dass es ein wichtiger Teil der Gottesbeziehung ist, den man durchaus einüben kann. Damit will ich die vorformulierten oder gereimten Gebete nicht abwerten, aber wenn Gebet auf einer Gottesbeziehung des Vertrauens basiert, dann ist es komisch, wenn wir mit Gott nur in Reimen oder mit Worten anderer Menschen sprechen. Claudia Filker schreibt dazu: „Vorformulierte Gebete sind wie ein Geländer. Mit ihnen kann man sich weiter wagen, von der vorgegebenen Form zum freien Gespräch mit Gott.“[16]

Im Folgenden möchte ich Ihnen einige dieser „Geländer“ nennen, die mir gut gefallen. Meine Kriterien sind dabei, ob die Gebete verständlich sind und ob sie wahr sind. Das meint z. B., dass die Gebete nicht in einer verniedlichenden Sprache formuliert sind, die Kinder so in ihrem Alltag gar nicht nutzen (z. B. „mein Herzchen“ oder das „liebe Jesulein“). Wahr sein heißt, dass in den Gebeten biblische Wahrheiten vorkommen und nicht ein verzerrtes Gottesbild vermittelt wird.

Der Theologe Jörg Zink empfiehlt als Regel für Kindergebete, „dass mit dem Kind nur Gebete gesprochen werden, die für Kinder und Erwachsene stimmen, mit denen also ein Kind erwachsen werden kann.“[17]

Das meint Gebete, die für Kinder auch später in ihrem Erwachsenenleben Bedeutung haben können und nicht abgelegt werden, weil sie als kindisch oder gar unwahr wahrgenommen werden.

---

16 Claudia Filker, *Unser Kind fragt nach Gott*, S. 52, SCM R. Brockhaus Verlag, Witten, 2007.

17 Jörg Zink, *Kriegt ein Hund im Himmel Flügel?*, Kreuz-Verlag, Hamburg, 2003.

Für den Tag:

Wo ich gehe, wo ich stehe,
bist du, lieber Gott, bei mir.
Wenn ich dich auch niemals sehe,
weiß ich dennoch, du bist hier. Amen.

Halte zu mir, guter Gott, heut' den ganzen Tag.
Halt die Hände über mich, was auch kommen mag.
Du bist jederzeit bei mir. Wo ich geh' und steh',
spür ich, wenn ich leise bin, dich in meiner Näh'.
Gibt es Ärger oder Streit und noch mehr Verdruss,
weiß ich doch, du bist nicht weit, wenn ich weinen muss.
Meine Freude, meinen Dank, alles sag ich dir.
Du hältst zu mir, guter Gott, spür' ich tief in mir. Amen.[18]

Guter Gott, ich bin aufgewacht.
Du hast mich die Nacht über behütet.
Sei bei mir, wenn ich nun aufstehe,
in den Kindergarten (die Schule) gehe.
Sei bei mir bei allem, was ich heute erlebe. Amen.

Für den Abend:

Was heute schön war, kam von dir.
Was unrecht war, vergib es mir.
Lass mich in dir geborgen sein.
In deinem Frieden schlaf ich ein. Amen.

Und wieder geht ein Tag zu Ende.
Ich leg ihn, Herr, in deine Hände.
Nimm an, was gut war, froh und recht.

---

18 Rolf Krenzer, *Halte zu mir, guter Gott.* © Rolf Krenzer Erben, Dillenburg.

Nimm weg, was böse, traurig, schlecht.
Ich will in deinem Segen ruh'n
und morgen wieder Gutes tun. Amen.

Gott, du hast mich heut bewacht,
habe keine Angst vor morgen,
weil nach jeder dunklen Nacht
ein heller, neuer Tag erwacht. Amen.[19]

Vor dem Essen:

Jedes Tierlein hat sein Essen, jede Blume trinkt von dir.
Hast auch uns heut' nicht vergessen. Lieber Gott, wir danken dir. Amen.
(Manchmal haben wir dieses Gebet auch nach der Melodie „Kommt ein Vogel geflogen" gesungen.)

Für dich und für mich ist der Tisch gedeckt.
Hab Dank, lieber Gott, dass es uns gut schmeckt. Amen.

Dir sei, o Gott, für Speis und Trank,
für alles Gute Lob und Dank.
Du gabst, du willst auch künftig geben.
Dich preise unser ganzes Leben. Amen.

Lieber Gott, für unser Essen
wollen wir nun nicht vergessen,
dir zu danken, jetzt und hier,
denn alles Gute kommt von dir. Amen.[20]

19 Werner Krauss, „Gott, du hast mich heut bewacht …", aus: Ders., *Ich kann schon beten. Unsere allerschönsten Kindergebete.* © Herder Verlag GmbH, Freiburg i. Br. 2003.
20 Wenn nicht ausdrücklich anders angegeben, handelt es sich bei den Kindergebeten um traditionell überlieferte Gebete, bei denen es uns trotz Nachforschungen nicht gelungen ist, Autoren ausfindig zu machen.

Wenn für Sie das Gebet ein neues Feld ist und Sie erst mal ein „Geländer“ brauchen, empfehlen sich kreative Gebetshilfen.

So gibt es beispielsweise einen Tischgebete-Toaster oder Gebetswürfel in verschiedenen Variationen. Sie finden solche Produkte in christlichen Buchhandlungen oder im Internet. So kann vor jedem Essen ein anderes Kind würfeln und das erwürfelte Gebet vorlesen oder ein Gebet „toasten“. Das macht den meisten Kindern Spaß und ist für gebetsungeübte Familien eine gute, kreative Hilfe. Vielleicht ist es manchen Eltern auch unangenehm zu beten, wenn Gäste mit am Tisch sind. Dann sind diese Hilfsmittel eine gute Idee. Sie bieten auch den gebetsungeübten Gästen die Möglichkeit mitzulesen und zu beten.

Dazu noch einige Fragen, die in diesem Zusammenhang vielleicht auftauchen: Müssen wir vor jedem Essen beten? Wie ist das im Restaurant? Wenn wir Gäste haben oder selbst Gäste sind – beten wir dann auch?

Ich glaube, es ist ein falscher Ansatz, wenn wir im Zusammenhang mit Gebet von „müssen“ sprechen. Natürlich „muss“ niemand, aber wir „dürfen“. Ich glaube, dass es um das Einüben einer guten Haltung geht, wenn wir regelmäßig vor dem Essen Gott danken und mit ihm sprechen. Manchmal ist aber gerade die Essenssituation mit kleinen Kindern eine besondere Herausforderung. Da geht es chaotisch zu; das erste Glas fällt noch vor dem Gebet um; die Geschwister hauen sich – kurz gesagt, die „Luft ist raus“, besonders bei der Abendmahlzeit, wenn alle (einschließlich der Eltern) müde sind. Dennoch liegt in gemeinsamen Mahlzeiten eine große Chance und es ist gut, trotz aller Herausforderungen daran festzuhalten. Dort wird Anteil genommen am Leben der anderen Familienmitglieder, im besten Fall entsteht ein gutes Gespräch und man kann sich austauschen. Leider zeigt die Realität, dass gemeinsame Mahlzeiten bei vielen Familien kaum mehr möglich sind. Das ist häufig gar kein bewusstes Unterlassen, sondern den unterschiedlichen Lebenssituationen der Familienmitglieder geschuldet und liegt ganz praktisch daran, dass nie alle zur gleichen Zeit zu Hause sind. So kann es entstehen, dass jeder sein Essen allein im Vorbeigehen oder vor dem Fernsehen einnimmt. Ich kenne viele Familien, die um gemeinsame Zeiten mit allen bei Tisch ringen und darunter leiden, dass gemeinsame Mahlzeiten gerade mit älter werdenden Kindern immer schwieriger umzusetzen sind. Doch ich möchte Sie ermutigen: Es lohnt sich, dranzubleiben und nach Möglichkeiten zu suchen, die gemeinsame Mahlzeiten für alle möglich machen. Manchmal muss man als Eltern gegensteuern und regelrecht gemeinsame Termine festlegen, die für alle verbindlich sind. Oft wertschätzen ältere Kinder und Jugendliche diese Zeiten, auch wenn sie vielleicht erst einmal nicht so begeistert scheinen.

Vielleicht fragen Ihre Kinder: „Müssen wir vor jedem Essen beten?“ Da wäre ich an Ihrer Stelle ganz entspannt. Ich würde zurückfragen: „Warum fragst du das? Möchtest du nicht beten? Was stört dich daran?“ Durch diese oder ähnliche Fragen kommen wir den Gründen auf die Spur, warum Kinder nicht (mehr) mitmachen wollen. Vielleicht stört sie die Form des Gebets; die Art; die Tatsache, dass immer die Eltern beten – oder was auch immer. Versuchen Sie es herauszufinden.

In unserer Familie gilt immer die Regel: Wer nicht beten will, muss es auch nicht. Ich finde Beten ein viel zu wichtiges, persönliches und verletzliches Thema, um damit Zwang auszuüben. Ich wünsche mir, dass meine Kinder freiwillig und gerne beten und nicht, weil ich es einfordere. Wenn sie das Gebet bei Tisch nicht wollen, sage ich ihnen, dass mir das Tischgebet aber wichtig ist, und bete für mich allein. Häufig ist diese Verweigerung nur eine Phase und zu anderen Zeiten gar kein Problem. Wenn wir Gäste haben, erkläre ich meist kurz, dass wir Christen sind (wenn sie es nicht wissen) und dass uns das Gebet vor dem Essen wichtig ist. Dann bete ich kurz. Manchmal ist es damit gut, manchmal ergibt sich daraus ein Gespräch. Bei Freunden, die unsere Kinder mitbringen, ist es ähnlich. Wenn es den Kindern sehr peinlich ist und wir zuvor darüber sprechen konnten, haben wir das Gebet auch weggelassen.

Gerade bei den Tischgebeten habe ich den Eindruck, dass sie vor allem für uns Menschen wichtig sind. Sie sind wichtig, weil das Tischgebet ein Bewusstsein schafft, dass alles, was wir haben, nicht selbstverständlich ist.

Alles kommt von Gott und dafür gehört ihm der Dank.

Ich glaube, dass Gott selbst so groß und souverän ist, dass er unser Tischgebet nicht in erster Linie braucht. Das kann uns auch in anderen Fragen rund um den Glauben entspannt sein lassen. Es gibt kein Donnerwetter vom Himmel, wenn wir es nicht tun – aber es verändert unser Wesen, wenn wir es tun. Ich bin der Überzeugung, dass Gott sich aus diesem Grund über unser Gebet freut und es für wichtig erachtet.

Das gilt auch für unsere äußere Haltung. Wir müssen nicht die Hände falten oder in die Höhe nehmen. Wir müssen nicht die Augen schließen oder eine sonstige Gebetshaltung einnehmen. Wir *müssen* nicht, aber es kann hilfreich sein. Bei geschlossenen Augen sind wir weniger abgelenkt; die gefalteten Hände bleiben ruhig; wenn ich über die Größe Gottes staune und mir seine Heiligkeit bewusst wird, kann ich auch als äußere Haltung die Hände heben oder auf die Knie gehen.

!

Ermutigen Sie Kinder dazu, eine für sie angemessene Haltung gegenüber Gott einzunehmen, die sich auch äußerlich zeigen darf.

Im Kindergottesdienst erkläre ich oft, warum ich beispielsweise die Augen schließe, und ermutige die Kinder, es auch zu probieren. Es ist viel leichter, sich zu konzentrieren, und ich werde nicht von dem abgelenkt, was mein Nachbar gerade tut.

In der Kindergruppe praktizieren wir häufig das „Popcorngebet". Alle Kinder stehen im Kreis und fassen sich an den Händen. Ich beginne mit einem Gebet. Wenn ich fertig bin, drücke ich die Hand meines rechten Nachbarn. Dann ist dieses Kind an der Reihe. Wenn es beten will, kann es das tun – wenn nicht, gleich weiterdrücken. Ich achte darauf, dass ich mein eigenes Gebet in kurze und einfache Worte fasse, damit die Kinder nicht gleich den Eindruck haben, sie müssten eine kleine Rede halten. Durch häufige Wiederholungen dieser Art Gebet trauen sich immer mehr Kinder mitzumachen. Für viele ist es ein erster Schritt, ein Gebet laut zu formulieren. „Popcorngebet" heißt es bei uns deshalb, weil wie in einem Topf mit Maiskörnern die einzelnen Gebete hier und da „aufspringen".

Ein zentrales Gebet der Bibel ist das „Vaterunser". Bei Matthäus 6 ist dieses Gebet eingebettet in die sogenannte Bergpredigt. Jesus gibt den Menschen konkrete Anleitung, wie Leben in der Nachfolge aussehen soll. Ganz unterschiedliche Themen kommen da zur Sprache: Feindesliebe, Ehebruch, Schwören, Almosengeben usw. Mitten hinein in diese Themen kommt dieses Gebet, das in jedem Gottesdienst in unseren Kirchen sonntäglich gebetet wird. Spätestens im Konfirmanden- oder biblischen Unterricht lernen die Kinder (bzw. dann schon Teenager) diese Worte auswendig. Ich bin der Meinung, dass es schon früher seinen Platz haben kann. Auch wenn Kinder nicht jede einzelne Formulierung verstehen, können wir es regelmäßig mit ihnen beten, z. B. im Kindergottesdienst. Die alten Worte werden ihnen vertraut und gehören zu ihrem Leben. Ich bin überzeugt, dass dieses Gebet von Jesus auch so gemeint ist: Es sind Worte für das ganze Leben, die immer wieder durchbuchstabiert werden müssen. Was bedeuten sie für mich? An welcher Stelle spricht Gott dadurch in mein Leben? Im Vaterunser kommt alles vor, was ein umfassendes Gebet „braucht": Gott wird gelobt, es geht um seine Ehre, um unser Verhalten, um Schuld und um Erlösung. Und am Schluss steht die Formulierung: „Dein ist das Reich und die Kraft und Herrlichkeit in Ewigkeit." Gott ist der Herr über alles. Wir geben ihm nicht nur die Ehre dafür, sondern benennen auch, dass er die Verantwortung trägt.

HÖRT GOTT JEDES GEBET? UND BEANTWORTET ER ES AUCH?

Bei Gott ist kein Gebet verloren. In der Offenbarung, dem letzten Buch der Bibel, wird im 5. Kapitel das „Lamm Gottes“ erwähnt, das das Buch des Lebens öffnen darf. Aus anderen Bibelstellen können wir schließen, dass mit diesem Lamm Jesus gemeint ist. Engel und Gestalten sind um dieses Lamm herum und geben ihm u. a. eine Schale voller Räucherwerk – „das sind die Gebete aller, die zu Gott gehören“ (Offenbarung 5,8). Ich verstehe dieses Bild so, dass am Ende der Welt die Gebete der Menschen „sichtbar“ werden. Bei Gott hatten und haben sie ihren Platz. Deshalb können wir sicher sein, dass er jedes Gebet, laut oder leise, vorformuliert oder frei, voll Freude oder Trauer, hört.

! Alle Gebete sind gesammelt und kommen bei Gott an.

Mit der Antwort auf unser Gebet ist es da schon schwieriger. Gott ist kein Wunschautomat, der alle Bitten erfüllt. Unsere Gottesbeziehung muss von dem Vertrauen leben, dass Gott es gut meint und dass er weiß, was gut und richtig für unser Leben ist. Gottes „Antwort“ kann auf sehr unterschiedliche Weise geschehen. Manchmal lesen wir einen Bibelvers, aus dem uns plötzlich eine Sache klar wird. Manchmal sprechen uns Mitchristen an – und auf einmal löst sich ein Problem oder eine Sorge. Es gibt Menschen, denen Gott in Träumen begegnet oder ihnen einen Gedanken ins Herz legt. Bei allem sollten wir prüfen, ob es wirklich Gottes Stimme in unser Leben hinein war oder nur ein eigener Wunschgedanke. Das ist manchmal schwierig herauszufinden und zeigt sich oft erst im weiteren Verlauf. Meiner Erfahrung nach öffnet oder schließt Gott manchmal „Türen“ oder es ergibt sich ein Umstand, der vorher noch nicht im Blick war. Manchmal merken wir auch erst im „Losgehen“, ob ein Weg richtig oder falsch war, ob sich Entscheidungen bestätigen oder nicht. Schwierig wird es in meinen Augen, wenn wir aus Angst, eine falsche Entscheidung zu treffen, gar nichts tun und verharren, weil wir auf „das Signal vom Himmel“ warten. Gott ist in allem souverän und kann manchmal aus unseren „Umwegen“ Gutes erwachsen lassen. Anders ist das natürlich bei Entscheidungen, die sehr klar Gottes Wort widersprechen, wenn ich bewusst oder leichtfertig an Gott vorbei Entscheidungen treffe.

Manchmal bleibt aber eine konkrete Antwort aus und wir müssen mit ungelösten Fragen zurechtkommen. Gott hat uns einen Verstand gegeben, damit wir Entscheidungen abwägen und aus dem Vertrauen zu ihm heraus Schritte gehen können. Wir dürfen und sollen mit allem zu ihm kommen: nichts ist zu groß oder zu klein, zu bedeutend oder unbedeutend, zu wichtig oder zu unwichtig.

Ich kann mich erinnern, dass unsere älteste Tochter plötzlich Schlafstörungen entwickelte, als sie kurz vor dem Schuleintritt stand. Sie wachte nachts mehrfach auf und schrie aus Leibeskräften, dann sackte sie wieder zusammen und schlief weiter. Der Kinderarzt erklärte es uns damals als „Nachtschreck", den Kinder erleben, wenn sie unbearbeitete Ängste mit sich herumtragen. Offensichtlich bereiteten der kommende Schuleintritt und die damit verbundenen Veränderungen unserer Tochter große Ängste, die sich auf diese Weise zeigten. Wir wussten uns irgendwann keinen Rat mehr. Das nächtliche Schreien war für die ganze Familie zur Belastung geworden. Wir als Eltern fingen an, jeden Abend vor dem Schlafengehen im Kinderzimmer zu beten: Gott möge diesen Raum ausfüllen, er möge die Angst wegnehmen und seinen Frieden geben. Nach kurzer Zeit hörte dieser „Nachtschreck" auf und unsere Tochter konnte wieder durchschlafen. Wir waren froh, dass Gott unser Gebet erhörte, und unendlich dankbar.

Es ist gut, wenn wir solche Gebetserhörungen mit Kindern teilen und ihnen davon erzählen. Sie erfahren, dass Gott bis heute wirklich lebendig ist und auf unsere Bitten reagiert. Solche Erlebnisse ermutigen Kinder, sich Gott anzuvertrauen und ihm ihre Sorgen und Nöte zu sagen.

Zum Ende dieses Abschnitts möchte ich ein Zitat von Reinhard Abeln anführen, das diese Gedanken gut zusammenfasst:

Schon das kleine Kind sollte wissen, dass man sich Gott voll anvertrauen kann, und dieses Wissen festigt sich in ihm, wenn es spürt, dass auch die Eltern ihr Vertrauen in Gott setzen. Mit anderen Worten: Gebetserziehung geschieht dort am besten, wo das Kind immer wieder erfährt, dass die ganze Familie ihre kleinen und großen Anliegen zu Gott bringt, dass sie alles, was das Leben bedrückt und bestimmt, was hell und dunkel ist in ihrem Leben, Gott sagt und dass sie sich in allem auf ihn verlässt.[21]

---

21 Reinhard Abeln, *Beten mit Kindern. Anregungen für Eltern und Erzieher*, S. 7. Süddeutsche Verlagsgesellschaft, Ulm, 1978.

RITUALE SIND WICHTIG

An dieser Stelle möchte ich einen kleinen Einschub zum Thema „Rituale“ dazwischenschalten. Laut Wikipedia ist ein Ritual „eine nach vorgegebenen Regeln ablaufende, meist formelle und oft feierlich-festliche Handlung mit hohem Symbolgehalt“.

Ich habe gelesen, dass bei Erwachsenen im Rückblick auf ihre Kindheit zwei Dinge in ihrer Erinnerung hängen bleiben: einmal das, was immer war; und dann das, was selten war. Es bleibt also zum einen das Alltägliche hängen, das sind die gleichen, immer wiederkehrenden Abläufe, Traditionen und Rituale. Wenn Sie jeden Abend mit Ihrem Kind das gleiche Gute-Nacht-Lied singen, wird es sich als Erwachsener daran erinnern.

> Kinder brauchen Rituale, diese geben ihnen Sicherheit und ihrem Tag eine Struktur.

Schon die Kleinsten verstehen: Jetzt gibt es Essen, wenn die Mama die Teller auf den Tisch stellt und die Kerze in der Mitte anzündet. Kinder brauchen gute Gewohnheiten, damit sie sich wohlfühlen, sich orientieren und sich auch einfach mal fallen lassen können – neudeutsch „chillen“ genannt. Finden Sie für sich als Familie heraus, was für Sie umsetzbare und alltagstaugliche Rituale sein können. Viele Eltern haben ein Abendritual für sich und ihre Kinder entdeckt. Beim Ins-Bett-Bringen bietet es sich an, sich einen festen Ablauf anzugewöhnen. Elemente könnten sein: ein kurzer Rückblick auf den Tag (Was war heute schön? Worüber haben wir uns geärgert?), eine Vorlesegeschichte, ein Lied, ein Gebet. Kindern vermitteln diese Formen Sicherheit und Geborgenheit. Manche Eltern segnen ihre Kinder, bevor sie morgens das Haus verlassen. Das kann geschehen, indem Sie dem Kind kurz die Hand auflegen und ihm zusprechen: „Gott segne dich. Er gehe mit dir durch diesen Tag und passe auf dich auf. Amen.“ Oder wie es eine andere Familie täglich formuliert: „Gott hat dich lieb und wir dich auch. Sei gesegnet. Amen.“

Rituale können sich auch bei Fest- und Feiertagen entwickeln. Wie wird bei Ihnen Geburtstag gefeiert? Haben Sie an Weihnachten feste Traditionen? Begehen Sie das Ende der Ferien? Der letzte Punkt ist beispielweise in unserer Familie wichtig geworden. Am letzten

Nachmittag oder Abend, bevor nach den langen Sommerferien die Schule wieder beginnt, setzen wir uns zusammen. Meist gibt es ein leckeres Essen und jeder darf erzählen, was ihm an den Ferien gut gefallen hat und wofür er dankbar ist. Da kommen dann auch die weniger schönen Dinge zur Sprache und wir überlegen gemeinsam, wie wir diese Punkte das nächste Mal besser machen können. Am Schluss beten wir für das neue Schuljahr, die Lehrer und Mitschüler.

Neben den regelmäßig wiederkehrenden Ritualen bleiben aus der Kindheit vor allem seltene, besondere Ereignisse in der Familie im Gedächtnis. Das kann ein besonderer Urlaub sein, ein Ferienerlebnis, eine Feier, eine gemeinsam bewältigte Wanderung u.v.m. Auch wenn uns das im Alltag mit kleinen Kindern nicht so bewusst ist: Die Zeit, die wir mit den Kindern verbringen, ist begrenzt. Die wenigen Jahre, in denen wir prägen und erziehen können, vergehen schnell. Deshalb möchte ich Sie ermutigen, diese Zeit zu nutzen und – bei allem Stress und allen Herausforderungen – auch zu genießen. Versuchen Sie, solche besonderen Erlebnisse zu schaffen.

Wie schön, wenn Sie sich später mit Ihren erwachsenen Kindern an besondere Erlebnisse erinnern können! Kinder brauchen dieses Wechselspiel zwischen Alltag und Feiern. So kann beides zu etwas Kostbarem werden. Es geht dabei nicht darum, besonders teure Events zu organisieren, extravagante Ferien zu buchen oder anderweitig viel Geld auszugeben. Es geht um die gemeinsame Erfahrung – egal in welcher Form. Das kann z. B. eine Wanderung durch den nahe gelegenen Wald oder ein gemeinsamer Spieleabend sein oder irgendetwas Ausgefallenes, Verrücktes, das Sie gemeinsam mit Ihren Kindern machen. Ich kenne beispielsweise eine Familie, die jedes Jahr vor dem Heiligen Abend mit Matratzen im Wohnzimmer unter dem Weihnachtsbaum übernachtet – alle zusammen, Eltern und Kinder! Eine witzige Idee, an die sich die Kinder bestimmt ihr Leben lang zurückerinnern werden. Mit solchen gemeinsamen Erlebnissen schaffen wir gute Erfahrungen, die ein Leben lang bleiben. So erinnern wir uns alle sicherlich an Erlebnisse aus unserer Kindheit. Sie prägen und machen unser Leben reich und bunt.

! Gemeinsame Erfahrungen schmieden Sie als Familie zusammen.

10 | Fragen zu anderen Religionen

Ist Gott und Allah der gleiche Gott? Welche Religion hat recht?

Eine Familie sitzt im größeren Verwandtenkreis abends vor dem Fernseher und schaut eine Sendung über die Flüchtlingssituation im Südosten Europas. Da geht es um den Glauben der Geflohenen, die meistens Muslime sind. Ein Onkel sagt: „Ach, es ist doch sowieso alles das Gleiche – egal ob Moslem oder Christ." Die Kinder horchen auf. Später kommt die Frage: „Ist das wirklich das Gleiche? Glauben die Moslems an den gleichen Gott wie wir? Heißt er bei ihnen nur anders?"

ERLEBTES

Vielleicht sind Ihnen diese oder ähnliche Fragen im Gespräch mit Kindern auch schon begegnet. Meist kommen solche Überlegungen auf, wenn Kinder in Kontakt mit Menschen anderer Religionen kommen. Das kann in der Nachbarschaft sein, im Kindergarten oder – meistens – in der Schule. In unserer Familie kam das Thema auf, als muslimische Mädchen in die Klasse unserer Töchter kamen. Diese Mädchen trugen ein Kopftuch. Bisher war das mit der Religion für die Kinder gar kein Thema gewesen, doch jetzt war der Unterschied für alle plötzlich sichtbar. Da entstanden natürlich Fragen: „Müssen die Mädchen das Kopftuch tragen? Oder tun sie das von sich aus? Warum überhaupt ein Kopftuch?"

Ich ermutigte unsere Kinder dazu, bei den muslimischen Mädchen direkt nachzufragen, welche Bedeutung dieses Kopftuch für sie habe. Für Muslime ist es oft leichter, über ihren Glauben und ihre Traditionen zu sprechen, als wir annehmen. Religion gehört so sehr zu ihrem Alltag, dass sie es nicht komisch finden, darüber zu reden. Ich bin auch der Meinung, dass es etwas mit Respekt gegenüber dem anderen zu tun hat, wenn wir ehrlich fragen und uns interessieren. Nur so können letztlich Brücken der verschiedenen Kulturen und Prägungen überwunden werden.

Dennoch müssen wir in der Frage, ob alle Religionen irgendwie wahr sind, eindeutig bleiben.

Jesus sagt von sich: „Ich bin der Weg, ich bin die Wahrheit und ich bin das Leben! Ohne mich kann niemand zum Vater kommen." (Johannes 14,6)

Der Weg zu Gott kann nicht an Jesus vorbeiführen – so verstehe ich diese Bibelstelle. Wir brauchen keine Opfer oder besonderen Taten, um zu Gott zu kommen. *Jesus* ist der Weg zu Gott.

Wir sollten unterscheiden zwischen dem, was Jesus über sich sagt, und dem, was sich aus der Religion des Christentums entwickelt hat. In der langen Geschichte des christlichen Glaubens gab es sicherlich auch Entwicklungen weg von Jesus; deshalb können wir nicht sagen, dass das Christentum der Weg zu Gott ist. Jesus ist der Weg und nicht die Religion. Das heißt natürlich nicht im Umkehrschluss, dass im Christentum generell alles an Jesus vorbeiläuft – aber wir sind gefordert, genau hinzuschauen. So dürfen wir auch nicht alle Aussagen anderer Religionen von vornherein als falsch abtun. Es gibt auch in anderen Religionen gute Traditionen und vorbildlich gelebten Glauben. Das aber ist nicht der Weg zu dem Gott, den uns die Bibel beschreibt.

So erkläre ich es auch im Gespräch mit meinen Kindern. Es geht um Klarheit: Jesus ist der einzige Weg zu Gott, aber es geht auch um Offenheit und Respekt gegenüber Andersglaubenden. Ich möchte mich interessieren, ich möchte nachfragen, den anderen kennenlernen und ihn wertschätzen. Jeder Mensch ist auf der Suche nach der Wahrheit – das darf ich mit Respekt wahrnehmen. So bleibt auch hier eine Spannung, die wir letztlich nicht auflösen können. Nur Gott sieht in die Herzen der Menschen und kennt ihre Sehnsüchte und Fragen.

Sicherlich wurden im Verlauf der Kirchengeschichte in diesem Zusammenhang viele Fehler gemacht. Schon im Mittelalter begingen etliche Christen den Fehler, anderen Menschen den eigenen Glauben gewaltsam aufdrängen zu wollen, wie es z. B. im Verlauf der Kreuzzüge geschah. Oder ich erinnere mich an einen Vortrag eines Missionars, der aus einem asiatischen Land berichtete. Überall dort, wo vor etwa zweihundert Jahren deutsche Missionare Kirchen bauten, waren auch Glockentürme eingebaut worden. Da läutete es dann mehrmals am Tag, was für die Einheimischen mehr als befremdend wirkte. Dadurch wurden Äußerlichkeiten betont, um Menschen von der eigenen Glaubensrichtung zu überzeugen. Es wurden Methoden gewählt, die für unsere Kultur passend, aber für eine andere Kultur völlig unpassend sind. Natürlich stand hinter allem das Anliegen, dass Menschen anderer Kulturkreise den christlichen Glauben kennen- und schätzen lernen sollten. Doch manche Methoden sind aus heutiger Sicht eher kritisch zu bewerten. Es hat auch mit der Sicht auf die anderen Menschen und ihre Überzeugungen zu tun: Wertschätze ich die anderen mit ihren Traditionen? Wie finde ich den richtigen Zugang, dass sie Gott und Jesus in guter Weise kennenlernen können – in ihrer eigenen Kultur? Ich bin sicher, dass Gott allen Menschen begegnen möchte. Im christlichen Glauben gibt es viele Aspekte, die in anderen Religionen nicht vorkommen, z. B. die Frage nach der „Heilsgewissheit“. Kann ich wirklich sicher sein, dass ich in den

Himmel komme? Viele Menschen mit anderer Religionszugehörigkeit treibt diese Frage um. In ihrer Religion gibt es keine sicheren Aussagen. Ich muss mich im diesseitigen Leben abmühen – aber ob es am Ende „reicht", bleibt ungewiss. Die Zusage Gottes an uns, dass er uns „allein aus Gnade" ohne unser Zutun annimmt, ist für viele eine erlösende Botschaft.

Oder das Engagement für die Armen und Schwachen in der Gesellschaft: Wenn die Sichtweise vorherrscht, dass der andere ja selbst an seinem Schicksal Schuld trägt, weil er sich in seinem vorherigen Leben offenbar nicht gut genug verhalten hat, dann besteht auch kein Interesse daran, ihm zu helfen und ihn zu unterstützen.

Keine Frage:

Es gibt in anderen Kulturen, Gesellschaften und Religionen viele sehr gute Werte, die in unserer westlichen Welt verkümmert sind oder wenig Bedeutung haben.

Ich denke da beispielsweise an den Wert der Familie oder die überwältigende Gastfreundschaft, die wir bei Menschen anderer Kulturen oft erleben können. An vielen Stellen gibt der Familienverband Sicherheit und Geborgenheit; die Familie unterstützt und hilft sich gegenseitig. Kinder haben ihren Platz in dieser Konstellation genauso wie die ältere Generation.

Unsere Familie hat einige Kontakte zu muslimischen Familien. Ich persönlich empfinde immer wieder ihre Gastfreundschaft als sehr beeindruckend. Auch wenn sie selbst nicht viel an materiellen Werten besitzen, wird für die Gäste das Beste gegeben, z. B. ein aufwendig gekochtes Essen. Dann ist es ganz wichtig, lange in der Tischgemeinschaft sitzen zu bleiben, zu erzählen und sich mitzuteilen. Oft erscheinen uns solche Traditionen fremd, aber ich bin überzeugt, dass wir uns das eine oder andere abschauen könnten.

In der Bibel finden wir im Buch der Offenbarung den Hinweis, dass am Ende der Zeiten „alle Geschöpfe" Gott anbeten werden. (Offenbarung 5,13) In der diesseitigen Welt haben sich aus den unterschiedlichsten Gründen verschiedene Religionen entwickelt. Dennoch gibt uns die Bibel diesen Hinweis, dass Gott sich am Ende der Zeit als der Schöpfer und Vollender der Welt allen Menschen zeigen wird. Deshalb dürfen und sollen wir weiterhin einladend von unserem Glauben sprechen.

Mich beeindrucken die Berichte von Menschen, die aus anderen Kulturkreisen und Religionen kommen und zum Glauben an Jesus gefunden haben. Oft nehme ich in ihrem Glauben eine unendliche Tiefe und Dankbarkeit wahr. Sie strahlen häufig eine Fröhlichkeit aus und sind sich sicher, dass Jesus auch für sie der Weg ist, trotz aller Widrigkeiten, die dadurch in ihr Leben gekommen sind. Ich glaube, dass wir viel lernen können von diesen Menschen, die der Glaube an Jesus wirklich etwas „kostet". Vieles, was ich als selbstverständlich ansehe, ist es in Wirklichkeit gar nicht. Deshalb ist der Blick über den Tellerrand wichtig. Ich sage den Kindern immer wieder, dass es ein großes Geschenk ist, wie frei wir unseren Glauben leben und gestalten können. Niemand wird bei uns verhaftet, wenn er zum Gottesdienst geht. Dies nehmen wir nicht als etwas Besonderes wahr. Deshalb ist es gut, es sich hin und wieder bewusst zu machen und dafür dankbar zu sein.

11 | Gemeinde und Kirche

Warum gibt es so viele verschiedene Kirchen und Gemeinden? Kann ich auch ohne Gemeinde an Gott glauben? Hat Gott sich Gemeinde ausgedacht?

Ja, Gott hat sich Gemeinde „ausgedacht". Wir Menschen sind von Anfang an auf Gemeinschaft angelegt. Wir brauchen Beziehungen und ein Gegenüber.

Schon die ersten Christen lebten in Gemeinschaft.

Sie trafen sich in den Häusern und feierten gemeinsam Gottesdienste, sie unterstützten sich gegenseitig und halfen sich (Apostelgeschichte 2). In der Bibel wird von der Gemeinschaft der Christen als einer „neuen Familie" gesprochen. Wenn Menschen Christen werden, werden sie Teil dieser Familie Gottes, die es weltweit gibt.

Im Laufe der Kirchengeschichte entstanden unsere heutigen Kirchen und Gemeinden. So unterschiedlich, wie wir Menschen sind, sind auch die verschiedenen Gemeindeausprägungen. Immer wieder gab es unterschiedliche Meinungen oder sogar Streit unter Christen, sodass es zu Abspaltungen kam und neue Gemeindeformen entstanden. Da wurde z. B. darüber gestritten, wie das Abendmahl zu verstehen sei oder ob Frauen im Gottesdienst eine aktive Rolle haben dürften oder nicht. Manche Fragen erscheinen uns heute vielleicht nicht mehr so wichtig, doch sie führten teilweise zur Entstehung der unterschiedlichen Konfessionen. (Das lateinische Wort „Confessio" bedeutet so viel wie Geständnis oder Bekenntnis.) So gibt es beispielsweise in der katholischen Kirche kein Priesteramt für Frauen, während es in der evangelischen Kirche selbstverständlich ist, dass Frauen Pfarrerinnen sein dürfen. Gemeinden und Kirchen unterscheiden sich noch durch andere Dinge, z. B. durch den Musikstil, die Art, den Gottesdienst zu feiern, oder durch die Gestaltung der christlichen Feiertage. Doch ich habe es schon manchmal erlebt, dass diese äußeren Dinge gar nicht so wichtig sind, wenn das Fundament, nämlich der Glaube an Gott, derselbe ist. Vor allem im Ausland ging es mir so, wenn ich dort einen Gottesdienst besuchte. Der Stil war ungewohnt, man kannte nicht alle Rituale oder verstand die Sprache nicht – und dennoch war es möglich, mit den fremden Menschen Gemeinschaft zu erleben. Da erlebte ich manchmal etwas davon, dass Gott weltweit seine Leute hat und dass es schön ist, miteinander Lieder zu singen oder Gottesdienst zu feiern. Auch dann, wenn einem selbst manches sehr ungewohnt vorkommt. Von daher ist Gemeinde wichtig und letztlich Gottes Idee.

GEMEINDE ALS ORT DER TOLERANZ UND NÄCHSTENLIEBE

In einer Gemeinde treffen Menschen unterschiedlichster Prägung aufeinander. Da sitzt der Professor neben dem Lagerarbeiter, die Putzfrau neben der Managerin, die Farbigen neben den Weißen, die Gesunden neben den Kranken usw. Alle verbindet der Glaube an Gott. Auf dieser Ebene gibt es (im besten Fall) Gemeinschaft und Begegnung.

!

Vor Gott sind alle Menschen gleich und die Gemeinde kann der Ort sein, wo dies praktisch gelebt wird.

Für Kinder ist es eine wunderbare Möglichkeit, Toleranz in guter Weise abzuschauen und einzuüben. Sie erleben, dass ganz unterschiedliche Menschen zusammenkommen und dass Unterschiede, die vielleicht sonst eine Rolle spielen, nicht so wichtig sind. In der Bibel schreibt der Apostel Paulus: „Durch den Glauben an Jesus Christus seid ihr nun alle zu Kindern Gottes geworden. Ihr gehört zu Christus, weil ihr auf seinen Namen getauft seid. Jetzt ist es nicht mehr wichtig, ob ihr Juden oder Griechen, Sklaven oder Freie, Männer oder Frauen seid: In Christus seid ihr alle eins.“ (Galater 3,26-28)

GEMEINDE ALS ORT DES GEMEINSAMEN LOBENS UND SINGENS

In Gemeinden wird gesungen, egal ob mit Orgelbegleitung oder mit Schlagzeug und E-Gitarre. Das Ziel – egal mit welchen Instrumenten oder Liederbüchern – ist der Lobpreis Gottes. Es tut gut, Gott gemeinsam in einer Gruppe zu loben. Auch für Kinder gibt es inzwischen viele schöne Lieder, die neben dem Spaß am Singen und der Bewegung auch wichtige Glaubensinhalte vermittelt. Das macht natürlich mit anderen Kindern mehr Spaß, als es allein zu tun. Außerdem ist das gemeinsame Lob ein Vorgeschmack auf den Himmel: Dort wird es einen endlosen Lobpreis Gottes geben (z. B. Offenbarung 5).

GEMEINDE ALS WICHTIGE STIMME DER GESELLSCHAFT

Trotz fortschreitender Säkularisierung und Mitgliederschwund der Kirchen haben Christen immer noch eine Stimme in der Gesellschaft. Viele Menschen, die sich z. B. bei der großen Flüchtlingswelle engagiert haben (und noch immer tatkräftig engagieren), kamen aus christlichen Gemeinden. Sie setzen ihr Herz, ihren Geldbeutel, ihre Zeit und ihre Kraft für Menschen ein, denen es deutlich schlechter geht als ihnen selbst. Deshalb wäre eine Gesellschaft ohne Christen arm dran (auch wenn natürlich manches noch ausbaufähig wäre ...). Ich bin der Meinung, dass wir mehr Menschen brauchen könnten, die nach klaren ethischen Regeln handeln und für die Schwachen ihre Stimme erheben.

Und nicht zuletzt bietet Gemeinde einen Rahmen, in der christliches Leben gestaltet werden kann. Viele Elemente christlichen Lebens bekommen hier eine Form und eine Gestalt. Menschen werden durch die Angebote der Gemeinde im Glauben angeleitet und unterstützt. Sie können im besten Fall ihre Fragen loswerden und Hilfe für ihren Glauben erhalten.

Natürlich weiß ich, dass auch das nicht immer gelingt. Es gibt immer Menschen, die sich enttäuscht von der Gemeinde abwenden oder sich im Streit mit anderen Gemeindemitgliedern entzweien.

> Die Gemeinschaft der Christen braucht genauso wie alle anderen Gottes Gnade und seinen Geist der Vergebung.

!

Allzu oft „menschelt“ es in unseren Gemeinden und leider kommt es auch hier vor, dass Menschen ihre Macht und ihre Stellung missbrauchen. Dennoch brauchen wir die Gemeinschaft derer, die gemeinsam mit uns in der Nachfolge stehen. Die perfekte Gemeinde wird es sowieso nicht geben, dazu reicht ein Blick in das eigene Leben.

KANN ICH NICHT AUCH OHNE GEMEINDE GLAUBEN?

In der heutigen Zeit, in der Individualität ein hoher Wert ist, gibt es immer mehr Menschen, die sich von Institutionen wie Kirche und Gemeinde abwenden. Häufig sagen diese Menschen, dass sie ja trotzdem an Gott glauben, aber die anderen dazu nicht brauchen. Ich habe die Befürchtung, dass das eine bedenkliche Entwicklung ist – für unsere Gemeinden, aber vor allem für diejenigen, die sich abwenden. Um nicht auf Abwege zu geraten, brauchen wir Christen die anderen, die mit uns auf dem Weg sind. Manchmal brauchen wir Korrektur, Ermutigung und Hilfe, wenn uns der Glaube abhandenkommt. Wir brauchen Menschen, die durch ihr Gebet für uns einstehen und uns tragen, wo wir (bildlich gesprochen) nicht mehr „laufen“ können.

!

Wenn unsere Kinder ein positives Bild von Gemeinde erleben, dann wollen sie gerne ein Teil dessen sein.

Mir hat es oft geholfen, dass andere Gemeindemitglieder für unsere Kinder gebetet haben und dass sie uns als Eltern ermutigt haben, wenn wir selbst mutlos waren. Mit vielen anderen Eltern sind wir ein Stück des Weges gemeinsam gegangen: über die Krabbelgruppe bis jetzt in die Jugendarbeit. Da ist es schön zu erleben, wie die anderen Kinder sich entwickeln und Schritte ins Leben gehen.

Gott hat sich Gemeinde aus einem guten Grund „ausgedacht“. Wir modernen Menschen stehen in der langen Reihe derjenigen, die vor uns die „Gemeinschaft der Heiligen“ gebildet haben. Gemeinde ist sicherlich oft nicht der „Himmel auf Erden“. Dennoch ist es in meinen Augen notwendig, verbindlicher Teil einer Gemeinschaft zu sein, um gemeinsam auf dem Weg zu bleiben.

12 | Schwierige Begriffe erklären

Wie in allen Gruppen, Vereinen oder Interessensgemeinschaften haben sich auch unter uns Christen Begriffe eingebürgert, die auf Außenstehende – oder Kinder, die diese „Sprache" erst lernen – befremdlich wirken. Oft ist uns, die wir uns schon jahrelang mit dem Glauben beschäftigen, gar nicht mehr bewusst, dass wir solche Begriffe ganz selbstverständlich benutzen. Da ist es gut, sich selbst einmal zu hinterfragen, was sich hinter häufig benutzten Formulierungen verbirgt. Deshalb beschäftigen wir uns in diesem Abschnitt damit, wie wir schwierige Begriffe kindgerecht erklären können und was wir vielleicht besser vermeiden sollten. Kinder verstehen Begriffe oft buchstäblich, da müssen wir aufpassen, dass Kinder nicht ein verzerrtes Bild vom Glauben bekommen. Wir sollten als Eltern und Erziehende vorsichtig sein, wenn wir eine bildhafte, symbolische Redeweise benutzen. Ich meine damit Formulierungen und Begriffe wie: „Nimm Jesus in dein Herz auf" oder: „Jesus wohnt in uns" oder: „Jesus möchte dein Herz".

Kinder stellen sich häufig vor, dass

Jesus in irgendeiner Ecke ihres Körpers wohnt. Einigen Kindern macht diese Vorstellung Angst. Bei der Formulierung: „Gib Jesus dein Herz" stellen sie sich das dann bildlich vor: Jemand öffnet ihren Brustkorb und nimmt das Herz heraus. Das ist auch für uns Erwachsene eine furchtbare Vorstellung; Kindern kann sie regelrecht Angst machen.

Besser sind Formulierungen wie: „Lass Jesus dein Freund sein" oder: „Jesus möchte ganz nah bei dir sein" oder: „Jesus freut sich, wenn du zu ihm gehörst und sein Freund bist."

„LEIB UND BLUT"

Diese beiden Begriffe aus der Abendmahlsfeier können Kinder irritieren, wenn ihnen die symbolische Bedeutung nicht erklärt wird. Essen wir jetzt echtes Menschenfleisch und trinken Menschenblut? Nein, natürlich nicht. Natürlich sind wir keine „Menschenfresser". Brot und Wein sind Symbole. Das Brot brechen wir durch (so wie Jesus gestorben ist und sein Körper „zerbrochen" wurde). Der Wein bzw. Traubensaft kann nur entstehen, wenn die Trauben dafür zerquetscht werden (so wie der Körper von Jesus zerstört wurde, damit etwas Neues entstehen konnte). Aus den zerdrückten Trauben wird der köstliche Saft oder Wein. Das kann aber nur geschehen, wenn die Trauben dafür ihre ursprüngliche Form verlieren und nur noch unansehnlich aussehen.

Diese Symbole sind ein „Hilfsmittel", um die Bedeutung von dem Sterben und Auferstehen von Jesus besser verstehen zu können. Näheres dazu führe ich in Teil 3 im Abschnitt über die Abendmahlsfeier mit Kindern aus.

SÜNDE

Kaum ein anderer Begriff löst wohl so unterschiedliche Assoziationen aus wie der Begriff „Sünde". Erwachsene denken häufig an das Stück Kuchen, das sie angeblich zu viel gegessen haben, oder an eine moralische Verfehlung wie eine Lüge oder Diebstahl. Das ist im Grunde nicht falsch – wenn wir etwas tun, von dem wir eigentlich wissen, dass es nicht gut für uns ist –, aber beim biblischen Begriff der Sünde ist etwas anderes gemeint. Das Wort Sünde leitet sich ab aus dem Begriff „Sund". Ein Sund ist eine Meerenge, die zwei Landstücke voneinander trennt. Sünde ist also etwas Trennendes.

Im biblischen Zusammenhang meint Sünde das, was Gott und die Menschen trennt.

Beim Kapitel über Karfreitag habe ich versucht, diesen Zusammenhang der „Erbsünde“ ausgehend von Adam und Eva deutlich zu machen. Die einzelnen Verfehlungen sind also die Folgen der Sünde, sozusagen die Taten zu einer Grundlage, die schon lange besteht.

Für Kinder ist es verständlicher, wenn wir davon sprechen, dass „die Freundschaft mit Gott zerbrochen“ ist. Durch den Tod von Jesus hat Gott diese Freundschaft wiederhergestellt. Seit dem Karfreitag können wir wieder „Gottes Freunde“ sein.

GNADE

Der Begriff Gnade bedeutet eine wohlwollende, freiwillige Zuwendung. Der Gnadenempfangende kann nichts dazutun; die Gnade ist ihm geschenkt. Deutlicher wird es für Kinder, wenn wir von „Begnadigung“ sprechen. Dabei wird jemandem (z. B. einem verurteilten Straftäter) – ohne sein Zutun oder dass er etwas dafür geleistet hat – die Freiheit geschenkt und damit die Verbüßung der Strafe erlassen. So ähnlich ist es, wenn wir von Gottes Gnade sprechen. Obwohl Menschen aufgrund ihrer Schuld eine Strafe verdient hätten, ist Gott wohlwollend und rechnet die Schuld nicht an. Das gilt für jeden Menschen und ist immer Gottes Geschenk. Gnade kann nicht erkauft oder verdient werden.

BEKEHRUNG

Die Bibel spricht an vielen Stellen eher von „Umkehr“ (z. B. Lukas 1,16; 1. Petrus 2,25; Apostelgeschichte 15,19). Menschen, die vorher keinem oder einem anderen Glauben angehört haben, werden zu einem Leben mit Gott eingeladen. Am besten lässt sich dies für Kinder an Beispielen erklären: Menschen begegnen Gott und „kehren um“ – das, was bisher in ihrem Leben wichtig war, verändert sich. Gott kommt an die erste Stelle (z. B. bei Zachäus oder bei den Jüngern, die ihre Berufe aufgaben, um mit Jesus zu gehen).

An dieser Stelle ein kritischer Einschub: Bei vielen Kinderbibelwochen oder Kinderevangelisationstagen wird „Bekehrung“ als Ziel formuliert. Die Hoffnung ist, dass viele Kinder sich am Ende der Freizeit für ein Leben mit Gott entscheiden. Ich frage kritisch und unbequem, ob das unser vorrangigstes Ziel ist, wenn wir Kindern von Gott erzählen und sie zu einem Leben mit ihm ermutigen? Keine Frage – natürlich wünschen wir uns von Herzen, dass Kinder einmal diesen Schritt gehen und zum Glauben an Gott kommen. Fragwürdig wird dieses Ziel in meinen Augen, wenn es mit „Druck“ geschieht, der häufig zusätzlich noch vom Druck der Gruppe beeinflusst wird. Natürlich klingt es gut, wenn wir als Mitarbeitende am Ende einer Kinderfreizeit von einer großen Zahl „Bekehrungen“ berichten können. Das ist ein „Erfolg“, es tut gut und „rechtfertigt“ auch ein Stück weit den Einsatz. Dennoch muss erlaubt sein, kritisch zu fragen, wie nachhaltig diese Bekehrungen sind. Manchmal klingt es für mich so, als ob damit die Sache vorbei und abgeschlossen ist. Wir können hinter die Bekehrung quasi einen Haken setzen. Doch das ist ein

Irrtum: Kinder brauchen natürlich weiterhin Begleitung, damit sie sich in ein Leben als Christ hineinfinden können.

Verstehen Sie mich bitte nicht falsch: Ich bin tief überzeugt, dass Gott auch in Kinderherzen spricht und sie zur „Umkehr" rufen kann; dass er es auch bis heute tut. Dennoch liegen vor einem Kinderleben noch viele Entwicklungsstufen, in denen sich der Glaube als tragfähig erweisen muss. Wir Erwachsene müssen ihnen treue Begleiter und Vorbilder sein.

> Es geht im Kindesalter vor allem darum, einen liebevollen Rahmen zu schaffen, in dem Kinder positive Erfahrungen mit Gott und dem Glauben an ihn machen können.

Diese Erfahrungen können irgendwann zu einer „Bekehrung" führen. Wann das geschieht, ist meiner Ansicht nach nicht entscheidend und darf niemals eine Rechtfertigung für oder gegen unser Engagement für Kinder in der Gemeinde sein – gemäß dem Motto: „Es kommen nur drei Kinder in den Kindergottesdienst, also brauchen wir die Gruppe nicht mehr." Ich bin davon überzeugt, dass viele Menschen, die erst als Erwachsene zum Glauben kommen, auch durch positive Erfahrungen mit dem Glauben in ihrer Kindheit dazu motiviert werden. Als Kindermitarbeiter brauchen wir einen langen Atem und dürfen unsere „Erfolge" nicht in Zahlen bemessen.

In der Bibel und der Kirchengeschichte gibt es unterschiedliche Erfahrungen mit der „Bekehrung": Manche Menschen können ihre „Bekehrung" genau datieren und verbinden damit ein besonderes Gotteserlebnis, bei anderen wird „Bekehrung" eher als Prozess erlebt. Irgendwann sind sie sicher, dass sie zu Gott gehören und das Leben nach seinen Maßstäben gestalten wollen.

> Wir sollten Kindern ihren Weg mit Gott zugestehen und auf das Handeln Gottes in ihrem Leben vertrauen.

!

Vielleicht ist unser Kindergottesdienst, jedes Gespräch oder Gebet, jede Freizeit, jede Geschichte, die wir erzählen, ein kleiner Baustein auf diesem Weg. Wir dürfen darauf vertrauen, dass Gott jedes Kind im Blick hat.

Wir dürfen mit Kindern über „Bekehrung“ sprechen, vielleicht sie teilhaben lassen an unserer persönlichen Geschichte mit Gott – aber bitte immer ohne Druck, niemals angstbesetzt und ohne ständige Aufforderungen. Das richtet lediglich großen Schaden an. Wir wollen Kinder zu einem freiwilligen, angstfreien und fröhlichen Glauben ermutigen und sie niemals durch Druck zu irgendetwas überreden. Das sollte uns immer bewusst sein: Als Eltern und Gemeindemitarbeiter tragen wir eine große Verantwortung, wenn wir Kinder in Glaubensfragen anleiten, und sollten immer (!) ihre seelische Gesundheit und Unversehrtheit im Blick haben.

Abschließend dazu ein Zitat von Francis Bridger:

Wir dürfen Kinder nie als Mini-Erwachsene betrachten und behandeln und auch nicht als Seelen, die es zu gewinnen gilt. Sie sind vollwertige Menschen, jedes von ihnen ein Original, jedes in Gottes Bild geschaffen. Das bedeutet nicht, dass wir naiv in Kindern „kleine Engel“ sehen. Auch Kinder sind Teil der von der Sünde entstellten Menschheit. Aber unsere Aufgabe ist es, Kinder zu lieben, zu achten und für sie zu sorgen. Wir werden uns folglich davor hüten, ihre Aufnahmebereitschaft und Offenheit zu missbrauchen und Kinder zu manipulieren, auch nicht aus den besten Motiven. Wir werden uns als Erwachsene ihrer Verwundbarkeit und unserer Macht bewusst sein. Wir sind nichts weiter als Diener des Evangeliums und Hirten der Herde Gottes.[22]

22 Francis Bridger, *Wie Kinder glauben*, S. 254, Bibellesebund/Oncken-Verlag, Kassel, 2003.

Teil 3
Praxiserprobt

1 | Das Sonntagsbegrüßungsfest

In diesem Teil stelle ich Ihnen einige praktische Ideen vor, wie der Glaube mit Kindern gelebt und geteilt werden kann. Beginnen möchte ich mit einer Liturgie, die ich bei der Bruderschaft Gnadenthal kennengelernt habe. Dort wird regelmäßig am Samstagabend ein „Sonntagsbegrüßungsfest" gefeiert, das dabei helfen möchte, sich aus dem Alltag zu verabschieden und auf den Ruhetag vorzubereiten. Sowohl diese Liturgie als auch in Abschnitt 3.2 die Liturgie für das Abendmahl mit Kindern sind so aufgebaut, dass auch gemeindeferne Erwachsene und Kinder gut daran teilnehmen können.

!

Das Sonntagsbegrüßungsfest eignet sich gut für die Familie, bei Freizeiten oder auch als besondere Veranstaltung in der Gemeinde.

Wenn Sie für alle Teilnehmer den Ablauf als Kopie bereitlegen oder per Beamer an die Wand projizieren, kann sich jeder gut orientieren und mitmachen. Das Sonntagsbegrüßungsfest wird am Samstagabend gefeiert – am Abend vor dem Ruhetag, dem heiligen Tag.

Nach biblischer Ordnung ist der Sonntag (bzw. im Judentum der Sabbat) der von Gott ausgesonderte, geheiligte Tag, der sich von allen anderen Tagen der Woche unterscheiden soll. Indem wir den Sonntag heiligen, achten wir auf den Unterschied von heiligem Tag und gewöhnlichem Werktag. Und indem wir diesen Unterschied achten, ehren wir den Heiligen selbst.[23]

In unserem Land verschwimmt immer mehr der Unterschied zwischen Sonntag und Werktag. Es gibt Läden, die rund um die Uhr geöffnet haben, auch an den Wochenenden. Häufig ist der Sonntag gefüllt mit vielfältigen Aktivitäten. Ich habe den Eindruck, dass wir Menschen diese von Gott gut ausgedachte Ruhepause häufig vergessen oder verdrängen. Dabei kann der Sonntag uns helfen, unser Leben zu ordnen und im Gleichklang zu halten. Wir sollen und dürfen schaffen und arbeiten (damit ist kein Aufruf zur „Faulheit" gemeint), aber der „Ruhetag" Sonntag möchte uns helfen, unsere innere Balance wiederherzustellen. Das ist Gott sehr wichtig, denn sonst hätte er es nicht in den Zehn Geboten schon formuliert.

23 Karl-Heinz Michel, *Den Sonntag feiern*, S. 5, Präsenz-Verlag, Bad Camberg, 1998.

Vielleicht nehmen Sie diese Gedanken als Anregung:

- *Wie gestalten Sie Ihren Sonntag?*
- *Welche Dinge helfen Ihnen, die Balance zu behalten?*

Das kann sehr unterschiedlich sein: ausruhen, wandern, Zeit mit den Kindern, Zeit mit Freunden, spielen, lesen, Zeit in der Gemeinde, Gottesdienst ...

Vielleicht ist es in Ihrer Familie auch üblich, auf die Sonntagsruhe zu achten. Ich kenne Familien, für die es wichtig ist, dass die Kinder vor dem Sonntag die Hausaufgaben erledigt haben oder die Schultasche bereits samstags fertig gepackt wird. Andere machen sonntags eine Pause von den Medien: Computer, Handy und Fernseher bleiben ausgeschaltet. Die dadurch gewonnene Zeit wird für Spielen oder Spazierengehen genutzt. Einige Kinder aus dem Kindergottesdienst erzählten mir, dass bei ihnen der Sonntag ausschließlich für die Familie da ist. Das bedeutete für sie, dass sie am Sonntag keine Verabredungen mit Freunden aus der Schule machen dürfen.

Jede Familie muss da sicherlich ihren eigenen Weg finden. Nicht jede „Regel" kann für alle gelten. Doch ich denke, es ist auch für Kinder wichtig, dass sie auf ihre Auszeiten vom Alltag achten. Wir als Erwachsene sollten ihnen darin ein gutes Vorbild sein.

Das Sonntagsbegrüßungsfest kann dabei helfen, den Sonntag neu wertzuschätzen und in den Blick zu nehmen. Es kann zu einem Ritual werden, das Kindern und Erwachsenen hilft, die Woche zu ordnen und den Sonntag zu würdigen. Letztlich geht es darum, Gott die Ehre zu geben, indem wir seine Ordnung ernst nehmen und ihm einen festen Platz in unserem Leben geben.

Wie ein solches Sonntagsbegrüßungsfest ablaufen kann, möchte ich Ihnen hier vorstellen[24]:

24 Die Liturgie orientiert sich sehr frei an der Liturgie aus „Den Sonntag feiern".

1. Das Licht

Einer: Jesus sagt: Ich bin das Licht der Welt. Wer mir nachfolgt, wird nicht wandeln in der Finsternis, sondern wird das Licht des Lebens haben.
Lieber Vater im Himmel, zur Ehre deines Sohnes, der das Licht der Welt und der Ursprung allen Lebens ist, will ich das Licht zum Tag des Herrn anzünden. An diesem Tag hast du Jesus, deinen Sohn, von den Toten auferweckt und die neue Schöpfung begonnen.
(die Kerze wird angezündet)
Alle: Wir loben dich, Herr unser Gott! Du hast am ersten Tag das Licht erschaffen und du hast deinen Sohn, das Licht der Welt, auferweckt. Amen.

2. Wechselgebet

Einer: Der Herr ist mein Licht und mein Heil. (Psalm 27,1)
Alle: Er ist das wahre Licht, das jeden Menschen erleuchtet. (Johannes 1,9)
Einer: Sein Wort ist meines Fußes Leuchte und ein Licht auf meinem Wege. (Psalm 119,105)
Alle: Die auf ihn schauen, werden strahlen vor Freude. (Psalm 34,6)

3. Loblied und freies Gebet

4. Begrüßung des Sonntags

Einer: Dies ist der Tag des Herrn.
Alle: Wir heißen ihn in Freude und Frieden willkommen.
Einer: Heute lassen wir alles, was uns aus der Woche beschäftigt, beiseite, um unseren Herrn Jesus Christus zu ehren und seine Auferstehung zu feiern. Heute ruhen wir aus von unserer Arbeit, um Gott anzubeten.
Alle: Gott ist mit uns, um uns neue Kraft zu geben.
Einer: Wir wollen Gott die Ehre geben und einander lieben um Christi willen.
(Friedensgruß: Jeder gibt jedem die Hand und wünscht: „Gottes Frieden sei mit dir.“ Der andere antwortet: „Und mit dir.“)

5. Dankgebet

Einer: Wir wollen Gott loben und ihm danken für alles Gute der letzten Woche.
(Dankanliegen zusammentragen: Jeder sagt einen Dank im Rückblick auf die letzte Woche.)
Alle: Aus seiner Fülle haben wir alles Gute bekommen. Amen.

6. Brot und Traubensaft

(das Brot wird angehoben)
Einer: Jesus sagt: „Ich bin das Brot des Lebens. Wer zu mir kommt, den wird nicht hungern, und wer an mich glaubt, der wird nie mehr Durst haben.“ (Joh. 6,35)
Alle: Amen.
(der Becher wird angehoben)
Einer: Jesus sagt: „Ich bin der Weinstock und ihr seid die Reben. Wer in mir bleibt und ich in ihm, der bringt viel Frucht, denn ohne mich könnt ihr nichts tun. Darin wird mein Vater verherrlicht, dass ihr viel Frucht bringt und werdet meine Jünger.“ (Johannes 15,5)
Alle: Amen.

7. Gemeinsames Essen

(Vorher ein Tischgebet. Wer möchte, kann vorher Brot und Saft wie beim Abendmahl verteilen, ansonsten wird es mit dem anderen Essen gemeinsam gegessen.)

8. Vater unser

Einer: Wir beten gemeinsam:
Alle: Unser Vater im Himmel, geheiligt werde dein Name, dein Reich komme, dein Wille geschehe wie im Himmel, so auf Erden. Unser tägliches Brot gib uns heute und vergib uns unsere Schuld, wie auch wir vergeben unseren Schuldigern. Und führe uns nicht in Versuchung, sondern erlöse uns von dem Bösen. Denn dein ist das Reich und die Kraft und die Herrlichkeit in Ewigkeit. Amen.

9. Segen

Einer: Der Herr segne dich und behüte dich. Der Herr lasse sein Angesicht leuchten über dir und sei dir gnädig. Der Herr erhebe sein Angesicht auf dich und gebe dir seinen Frieden. Amen.

(alternativ ein anderes Segensgebet oder -lied)

2 | Mit Kindern Abendmahl feiern

Im Folgenden möchte ich Ihnen gerne eine Form vorstellen, wie eine Abendmahlsfeier mit Kindern aussehen kann. Wir praktizieren diese Liturgie in unserer Gemeinde und wir als Familie haben diese Art des Abendmahls dort als sehr positiv erlebt. Ich weiß, dass es sehr unterschiedliche Auffassungen darüber gibt, wie und ob überhaupt schon mit Kindern Abendmahl gefeiert werden sollte. Das liegt an den unterschiedlichen Konfessionen und Traditionen und grundsätzlich natürlich daran, wie das Abendmahl oder die Eucharistiefeier verstanden und gedeutet wird.

In vielen Gemeinden oder Kirchen dürfen Kinder erst ab dem 14. Lebensjahr am Abendmahl teilnehmen, meist nach der Konfirmation bzw. dem biblischen Unterricht oder dem Eintritt der Religionsmündigkeit. Das hat durchaus seine Berechtigung – denn manchmal kann es auch gut sein, wenn Kinder auf etwas „warten" müssen, wenn nicht alles sofort und jetzt möglich sein kann.

Andererseits gibt es auch gute Argumente dafür, auch Kindern schon die Teilnahme am Abendmahl zu ermöglichen. In jedem Fall – egal ob Kinder teilnehmen dürfen oder nicht – sollten wir es ihnen erklären und begründen.

Auch für viele Erwachsene ist das Abendmahl mit vielen Unklarheiten verbunden. Wir trinken und essen „Fleisch und Blut"? Ist das jetzt symbolisch gemeint oder so gemeint, dass es wirklich das Blut von Jesus ist? Wie ist das mit der „Wandlung"? Haben wir dadurch Anteil an dem Sterben von Jesus? Warum wird das Abendmahl regelmäßig im Gottesdienst gefeiert?

Im Abendmahl gibt es verschiedene Aspekte, die uns im persönlichen Leben mal mehr oder mal weniger ansprechen und berühren. Vielleicht helfen sie uns an dieser Stelle zu einem besseren Verständnis des Abendmahls und damit verbunden in der Frage, ob wir auch Kinder mit in die Abendmahlsfeier hineinnehmen.

Welche Aspekte meine ich?

- *Gemeinschaft mit Jesus: Durch Brot und Wein haben wir Anteil an Jesus selbst. Er ist für mich gestorben, weil er mich unendlich liebt.*
- *Vorwegnahme des Festes in Gottes neuer Welt: Der ganze Himmel freut sich über einen Menschen, der umkehrt und Buße tut.*
- *Hingabe und Sündenvergebung: Beim Abendmahl kann ein Platz sein, an dem mir Schuld bewusst wird und ich Vergebung erfahren kann. Jesus ist auch für meine Schuld am Kreuz gestorben.*
- *Zusage des Bundes: Brot und Wein erinnern an den Bund, den Jesus mit den Menschen geschlossen hat. Gott hatte im Alten Testament einen Bund mit dem Volk Israel geschlossen. Durch Jesus gibt es einen zweiten, neuen Bund, der für alle Menschen offen ist, auch außerhalb des israelischen Volkes.*
- *Gegenwart von Jesus: Das Abendmahl kann eine besondere Nähe und Verbundenheit mit Jesus ausdrücken. Es geht um das, was er für uns Menschen getan hat.*
- *Teil der Familie Gottes sein: Wir feiern gemeinsam mit anderen dieses besondere Mahl. Auch das kann als Vorwegnahme der Ewigkeit erlebt werden.*

Ich glaube, dass die genannten Aspekte zu verschiedenen Zeiten mal mehr und mal weniger Bedeutung in unserem persönlichen Leben haben können. Einmal brauchen wir mehr den Gedanken der Schuldvergebung; ein anderes Mal vielleicht eher den Aspekt, Teil einer großen Gemeinschaft zu sein, die miteinander auf dem Weg ist. Wie viele andere Christen auch bin ich persönlich manchmal unsicher, ob ich den wirklichen Sinn beim Abendmahl erfasse. Vielleicht ist das aber gar nicht entscheidend und vordergründig wichtig. Wir dürfen Empfangende sein, uns in Gottes Gegenwart hineingeben und uns überraschen lassen, was er uns schenken und zeigen möchte. Das Abendmahl setzt also nicht in erster Linie ein „intellektuelles" Verstehen voraus, sondern kann mit allen Sinnen und Eindrücken erlebt werden. Meiner Erfahrung nach erleben Kinder das Abendmahl als sehr beeindruckend. Sie werden mit ihrer Person ernst genommen und haben die Möglichkeit, eine Gottesbegegnung zu erleben.

!

Gott möchte uns beschenken mit diesem Mahl – er möchte nicht irgendeine Leistung oder eine bestimmte Erwartung abrufen.

Dietrich Bonhoeffer schreibt:

Das Wesen des Glaubens ist nicht das bewusste Verstehen, Antworten, sich Entscheiden, sondern das reine Empfangen des Heils, wie es uns in Christus als dem Worte Gottes offenbart ist.[25]

Vielleicht fragen sich manche Erwachsene, ob Kinder „würdig" oder „reif" genug für die Abendmahlsfeier sind. Dem möchte ich eine Gegenfrage entgegenstellen: Was heißt das? Wenn es heißt, dass jeder Teilnehmende vollkommen und bis ins letzte Detail versteht, wie Gott sich im Abendmahl schenkt und was die Feier bedeutet, dann könnte wohl niemand teilnehmen. Wann bin ich als Christ für Gott ausreichend „würdig" und „reif"?

Ich bin auf jeden Fall der Ansicht, dass wir Kindern die Ernsthaftigkeit und die Würde des Mahls deutlich machen sollten. Es sollte ihnen bewusst sein, dass in diesem Moment ihre Aufmerksamkeit gefordert ist und nicht die Zeit zum Herumalbern und Quatschmachen. Meiner Erfahrung nach gelingt dies, wenn die Kinder gut auf die Abendmahlsfeier vorbereitet sind.

WIE KANN ICH KINDERN DAS ABENDMAHL ERKLÄREN?

Kindern hilft es häufig, wenn sie die Symbole verstehen. Ich bespreche mit ihnen, wie der Traubensaft entsteht. Schnell kommen sie darauf, dass dafür die Trauben zerquetscht werden müssen. Dann sind sie nicht mehr schön ansehnlich, sondern zerdrückt und runzelig. Ich erkläre dann, dass es mit dem Tod von Jesus so ähnlich war. Sein Körper wurde „zerdrückt"; Jesus blutete und starb. Daran denken wir im Abendmahl. Das „Zerdrücken" ist nötig, sonst entsteht kein Saft. Genauso ist das Symbol mit dem Brot. Durch das Sterben am Kreuz wurde der Körper von Jesus „zerbrochen" – so wie wir das Brot zerbrechen, um es dann essen zu können.

---

25 Dietrich Bonhoeffer, *Gesammelte Schriften*, Band 3, S. 440, Verlag Christian Kaiser, München, 1960.

Diese beiden Symbole, Brot und Wein bzw. Saft, erinnern uns an das Sterben von Jesus. Er selbst teilte Brot und Wein an seine Freunde aus und forderte sie auf, dieses Mahl weiterhin zu feiern: „Feiert dieses Mahl immer wieder und denkt daran, was ich für euch getan habe." (Lukas 22,19) Wir erinnern uns also an Jesus und an das, was er für uns am Kreuz getan hat.

An dieser Stelle ist es aber wichtig, mit den Kindern zu besprechen, wie es nach dem Tod mit Jesus weitergegangen ist: Er ist nicht im Grab geblieben, sondern wiederauferstanden. Das dürfen wir feiern und uns daran freuen.

Eine andere Möglichkeit der Einführung ist, den biblischen Text mit dem „letzten Abendmahl" zu erzählen (Matthäus 26,17ff.): Bevor Jesus am Kreuz starb, feierte er mit seinen Freunden ein besonderes Essen, ein besonderes Fest. Dieses Passahfest war und ist bis heute ein wichtiges Fest der Juden. Dabei erinnern sich die Menschen daran, dass Gott ihren Vorfahren half, als sie Gefangene in Ägypten waren. Gott führte sie in die Freiheit. In Erinnerung an diese Befreiung wurde in jeder Familie das sogenannte „Passahlamm" geschlachtet. Auch Jesus traf sich mit seinen Freunden zu diesem besonderen Essen. Sie aßen Brot und tranken Wein.

„Während sie aßen, nahm Jesus Brot, sprach das Dankgebet, teilte das Brot und gab jedem seiner Jünger ein Stück davon: ‚Nehmt und esst! Das ist mein Leib.' Anschließend nahm er einen Becher Wein, dankte Gott und reichte ihn seinen Jüngern: ‚Trinkt alle daraus! Das ist mein Blut, mit dem der neue Bund zwischen Gott und den Menschen besiegelt wird. Es wird zur Vergebung ihrer Sünden vergossen.'" (Matthäus 26,26-28)

Das Abendmahl erinnert uns daran, dass Jesus (wie das Lamm beim Passahfest) gestorben und wiederauferstanden ist. Jesus deutete dieses Fest, das alle Juden kannten, auf sich und seinen Tod. Er gab dann die Anweisung, dass wir in Erinnerung an ihn miteinander das Abendmahl feiern sollen.

Wenn wir mit Kindern das Abendmahl feiern, teilen wir Brot und Saft mit den Worten aus: „Jesus ist für dich gestorben."

Wir praktizieren es in unserem Kindergottesdienst so, dass wir uns mit den Kindern in einen Kreis stellen. Wer am Abendmahl teilnehmen möchte, kann seine Hände nach vorne strecken. Wir Mitarbeiter verteilen Brot und Saft. Die Kinder, die ihre Hände nicht ausstrecken, werden ausgelassen. Es ist uns wichtig, dass die Teilnahme am Abendmahl freiwillig geschieht. Alle dürfen teilnehmen, aber niemand muss es tun. Manche Kinder wollen einfach erst mal zuschauen; wieder andere können es kaum erwarten und fragen, wann wir wieder das „Jesus-Essen" machen.

Insgesamt haben wir bisher gute Erfahrungen mit dem Abendmahl mit Kindern gemacht. Mich berührt dieses Miteinander sehr. Kinder gehen viel ungezwungener und ohne Berührungsängste mit dem Abendmahl um. Da gibt es zwischendurch auch mal ein kleines Gespräch oder einen Lacher. Dennoch haben sie ein Gespür für die besondere Situation. Wenn die Kinder es möchten, bieten wir ihnen auch an, dass wir sie segnen. Dann legen wir als Mitarbeiter den Kindern die Hand auf den Kopf oder „malen" mit Salböl ein Kreuz auf die Stirn mit den Worten: „Jesus segnet dich und passt auf dich auf" oder: „Du bist ein Kind Gottes. Gott segne dich."

Wir Menschen brauchen Rituale. Auch das Abendmahl in ein solches Ritual. Es kann uns berühren und verändern, weil es uns einen Zugang mit allen Sinnen zu Gott und seinem Wesen erschließt. Wie ich es schon im Abschnitt über das Gebet erwähnt habe, glaube ich nicht, dass Gott auf unser „Tun" angewiesen ist. Er hat aber die verschiedenen Elemente – auch das Abendmahl – eingesetzt, weil er weiß, dass sie für uns Menschen wichtig sind, dass wir sie brauchen und dass sie uns näher zu ihm bringen können. Deshalb ist es gut, wenn wir mit Kindern dieses Erleben teilen und sie mit hineinnehmen. Auch die Teilnahme am Abendmahl stärkt ihre Beziehung zu Gott und die Beziehungen untereinander.

3 | Der „Lebendige Adventskalender"

Kaum eine andere Zeit des Jahres bietet so viele Möglichkeiten, um den Glauben mit Kinder praktisch und konkret werden zu lassen, wie die Advents- und Weihnachtszeit. An dieser Stelle möchte ich Ihnen vorstellen, wie gemeinsam mit anderen Familien, der Gemeinde oder einem ganzen Stadtteil diese besondere Zeit bewusst begangen werden kann.

In vielen Kirchen und Gemeinden gibt es die Tradition des „Lebendigen Adventskalenders". Im Detail ist die Durchführung sicherlich unterschiedlich, doch jedes Mal geht es darum, die Adventszeit bewusst wahrzunehmen, zu gestalten und Momente der Besinnung zu schaffen.

In unserem Stadtteil sieht das so aus, dass Familien aus verschiedenen Gemeinden an drei Tagen pro Adventswoche ihre „Türen öffnen". Es wird über Handzettel eingeladen. Jeder darf spontan und unangemeldet dazukommen.

Wir beginnen mit einem Lied, das wir vor der Tür des Gastgebers anstimmen (meistens singen wir: „Macht hoch die Tür"). Dann öffnet sich die Tür und wir treten ein. Drinnen gibt es weitere Adventslieder, einen kleinen Impuls zu einem biblischen Thema oder eine Geschichte. Bewährt hat sich eine kleine Vorstellungsrunde, wie jeder heißt und wo er im Ort wohnt. Manche Gastgeber regen einen Austausch unter den Teilnehmenden an: Welches Adventslied magst du am liebsten und warum? Welche Traditionen gab es in deiner Familie? Worauf freust du dich im Blick auf Weihnachten? Die Gesprächsrunde dauert dann etwa 20 Minuten. Danach ist Zeit zum weiteren Singen oder Plätzchen essen, die die Teilnehmenden mitgebracht haben. Der Gastgeber beendet das Treffen mit einem Gebet und einer Verabschiedung. Damit viele Leute aus verschiedenen Altersgruppen teilnehmen können, bieten wir Nachmittage und Abende im Wechsel an.

Dies ist nur als ein Beispiel, wie ein Adventskalendertreffen aussehen kann. Natürlich muss jeder, der eine solche Aktion initiiert, überlegen, was zu ihnen passt und umsetzbar erscheint. Vielleicht ist es für manche ein erschreckender Gedanke, dass viele fremde Leute ins eigene Haus kommen und man vorher nicht weiß, wer und wie viele kommen.

Deshalb kenne ich es aus anderen Gemeinden auch, dass man sich vor den Häusern trifft. Von einer Kirchengemeinde hörte ich, die sich schon seit Jahren regelmäßig vom 1. bis zum 23. Dezember vor jeweils einem anderen Haus trifft. Pünktlich jeden Abend um 18 Uhr gibt es – bei jedem Wind und Wetter! – zwei, drei Lieder und eine kurze Geschichte, anschließend einen Segensspruch. Danach kann, wer mag, noch zu Glühwein, Kinderpunsch und Plätzchen und zum persönlichen Gespräch bleiben. Diese Gemeinde hat sich bewusst dafür entschieden, die Gestaltung sehr schlicht und einfach zu halten, um möglichst viele Menschen einzuladen und zu motivieren, den

Adventskalender mitzugestalten. Zwei große Wärmebehälter für die Getränke sowie Liedermappen und ein großer Korb mit Tassen „wandern“ in der Adventszeit von Haus zu Haus, sodass die Gastgeber mit der Vorbereitung keinen großen Aufwand betreiben müssen.

In unserem Stadtteil haben wir uns für die Variante entschieden, in unsere Häuser einzuladen, denn für uns war gerade die persönliche Ebene wichtig. Im eigenen Wohnzimmer entsteht eine andere Atmosphäre als in einem öffentlichen Raum, z. B. in einer Kirche oder einem Gemeindehaus. Meist feiern wir den Abschluss des „Lebendigen Adventskalenders“ mit einem kleinen Gottesdienst in einem der Gemeindehäuser. Da ist dann genügend Platz und es gibt die Möglichkeit, auch länger beisammenzusitzen.

Entwickelt wurde die ganze Idee in unserem Stadtteil von einigen Müttern, die sich viele Jahre regelmäßig mit ihren Kindern im Advent trafen. Die ursprüngliche Motivation war es, sich über die eigene Familie hinaus Zeit zu nehmen, mit den Kindern gemeinsam den Advent zu gestalten und zu erleben. Wir Mütter fanden das so bereichernd, dass irgendwann die Idee geboren wurde, noch mehr Leute einzuladen und es als Gelegenheit zu nutzen, auch Familien, die noch keinen Kontakt zu unserer Gemeinde hatten, anzusprechen. Dass daraus eine so große, gemeindeübergreifende Aktion mit vielen Menschen ganz unterschiedlichen Alters werden würde, war zu der Zeit nicht abzusehen. Wir freuen uns jedes Mal sehr, wenn sich viele Nachbarn oder Eltern über Kindergarten- oder Schulkontakte einladen lassen. Die Hürde ist durch den persönlichen Kontakt niedrig. Viele schätzen diesen persönlichen Charakter.

So ergeben sich häufig bei unseren Treffen Gespräche, Austausch und gegenseitige Unterstützung. Viele Menschen, gerade auch Familien, fühlen sich in der Adventszeit gestresst und erleben diese Adventskalender-Treffen als Innehalten oder als kleine Oase im Alltag. Vielleicht sind auch einige junge Familien unsicher, wie sie Advent und Weihnachten gestalten sollen. Oft wollen sie die alten Traditionen nicht einfach so übernehmen, erleben aber dann eine Lücke, die neu gefüllt werden will. Da ist der Adventskalender eine gute Möglichkeit, über die Generationen hinweg ins Gespräch zu kommen: Wie gestalten wir Weihnachten? Welche Lieder singen wir? Wie reden wir mit unseren Kindern über die biblischen Geschichten? Welche hilfreichen Bücher gibt es?

Manchmal werden auch einfach nur Plätzchenrezepte getauscht oder sich gegenseitige Hilfe angeboten. Mit einigen ergibt sich später ein kleiner „Schwatz", wenn man sich beim Einkaufen oder beim Spazierengehen trifft.

Sie sehen also, dass der Lebendige Adventskalender eine Gemeinde oder einen Stadtteil sehr bereichern kann. Doch was bedeutet das im Speziellen für Kinder und ihren Zugang zum Glauben?

KINDER ERLEBEN SICH ALS TEIL EINER GRÖSSEREN GEMEINSCHAFT

Durch die unterschiedlichen Gemeindeprägungen lernen die Kinder Menschen kennen, die ihren Glauben auf andere Weise leben und gestalten, als es ihnen vielleicht vertraut und bekannt ist. Dennoch sind wir alle ein Teil der großen Familie Gottes.

Wir als Familie gehen mit unseren Kindern in eine relativ junge Gemeinde. Das ist an vielen Stellen sehr lebendig und dynamisch und wir fühlen uns dort sehr wohl. Andererseits bedauern wir oft, dass uns – bis auf wenige Ausnahmen – die Generation der älteren Gemeindemitglieder fehlt. Viele Wissens- und Glaubenserfahrungen der Älteren kommen so nur selten vor. Unsere Kinder erleben fast keine Menschen im Alter ihrer Großeltern, die ihren Glauben bewusst leben. Durch die Adventskalendertreffen haben wir einige der Senioren aus unserem Ortsteil, die zu anderen Gemeinden gehören, kennen- und schätzen gelernt. Es ist für unsere Kinder spannend zu hören, wie ihre Kindheit verlief und was für sie als Kinder wichtig war. Andererseits ist es eine große Freude für die älteren Menschen, unsere und andere Kinder wahrzunehmen. Häufig leben die eigenen Enkel weit weg und sie empfinden es als Bereicherung, in der Gemeinde oder in der Begegnung beim Adventskalender die Kinder zu erleben.

KINDER ERLEBEN KONKRET, WAS GASTFREUNDSCHAFT BEDEUTEN KANN

Beim Adventskalender öffnen wir bewusst unser Haus (oder unseren Garten). Die unterschiedlichsten Menschen „belagern“ für kurze Zeit unseren Privatbereich. Manchmal empfand ich schon einen kleinen Vorgeschmack darauf, wie es im Himmel sein könnte: Da sitzt ein blinder Mann, der uns beim Plätzchenessen sein Weihnachtsliederbuch in Blindenschrift zeigt, neben einer Ordensschwester; die Studentin neben Senioren, die beinahe ihre Großeltern sein könnten; die Kinder zwischen den Erwachsenen; die Nachbarn – die schon immer mal sehen wollten, wie wir so wohnen – neben den vertrauten Freunden. Und uns alle verbindet der Wunsch nach Besinnlichkeit und einem Innehalten in einer prall gefüllten Zeit. Schon im Stall von Bethlehem war schnell deutlich, dass es kein privates Geschehen war: Menschen unterschiedlichster Prägung und Herkunft sammelten sich an der Krippe. Durch dieses besondere Baby entstand eine einzigartige Gemeinschaft. Vielleicht hilft uns der „Lebendige Adventskalender“ ein wenig dabei, dieses allumfassende Geschehen zu begreifen und uns als ganz unterschiedliche Menschen „an der Krippe“ zu begegnen.

4 | Ein „Gebetsgarten“ für Kinder

Im Folgenden möchte ich Ihnen die Idee eines „Gebetsgartens“ vorstellen – insbesondere, wie ein Gebetsgarten für und mit Kindern gestaltet werden kann. Gemeint sind damit Stationen rund um das Thema „Gebet“, an denen auf kreative Weise gebetet werden kann. Dabei kann das Wort „Garten“ durchaus wörtlich gemeint sein. Etliche Gemeinden bieten diese Art von Gebetsmöglichkeit bei gutem Wetter in einem großen Garten oder Park an.

In Teil 2 dieses Buches habe ich bereits ausführlich die unterschiedlichen Ausrichtungen des Gebets vorgestellt. Beim Gebetsgarten kommen diese verschiedenen Formen auf kreative Weise wieder vor. Einen Aspekt, der mir sehr wichtig ist, möchte ich vorab betonen: Allen Teilnehmern, egal ob Kind oder Erwachsener, sollten wir immer die Möglichkeit geben, sich frei zu entscheiden und alle Angebote freiwillig wahrzunehmen. Manches erscheint gerade den Kindern vielleicht ungewohnt oder kommt ihnen zu nahe. Dann ist es gut, wenn Mitarbeiter sie an den verschiedenen Stationen begleiten, ihnen Hilfestellungen geben, aber auch die Freiheit lassen, nicht alles mitmachen zu müssen.

Ich habe versucht, eine Vielzahl von möglichen „Stationen“ zu beschreiben. Sie können daraus auswählen, was zu Ihnen und Ihrer Zielgruppe passt. Die Ideen sind sehr unterschiedlich: mal ruhig und meditativ, dann wieder mit mehr Aktion und Spaß. Bei allen Überlegungen ist es wichtig, dass Sie Elemente mit einbauen, die Ihrer Zielgruppe schon vertraut sind.

Der Gebetsgarten kann eine besondere Aktion für Kinder und Erwachsene bei einem Gemeindefest oder einem besonderen Gottesdienst sein. In kleinerer Form kann er auch Teil eines Kindergottesdienstes sein. Viele Elemente sind auch für Familien gut in der Umsetzung geeignet.

> !
> Für Kinder ist es hilfreich, wenn Gebet ganz kreativ und praktisch sein kann.

Über das Tun prägt sich vieles bei ihnen besser ein, auch wenn sie mit allen Sinnen das Gebet erleben.

Die Stationen, die ich vorstelle, können Sie natürlich frei nach Ort und Zusammensetzung der Gruppe variieren. Mein Wunsch und meine Hoffnung ist es, dass auch Erwachsene an der einen oder anderen Stelle einen neuen Zugang zum Beten finden können.

Bei den meisten Stationen ist es gut, wenn sie von einem Mitarbeiter betreut werden, der Hilfestellung geben kann, aber auch darauf achtet, dass eine Reihenfolge eingehalten wird oder dass niemand eine Station nur für sich beansprucht, sondern dass jeder, der möchte, an die Reihe kommt. Ebenso kann dieser Mitarbeiter an manchen Stationen die Teilnehmenden ermutigen, ein Gebet zu sprechen oder einen Moment der Stille einzuhalten.

LOB UND DANK

Diese Station ist mit vielen Blumen geschmückt. Kleine Kärtchen sind verteilt, auf denen Psalmverse stehen, die Gott loben für das, was er ist und getan hat. Z. B.:

- *Psalm 8,2: Herr, unser Herrscher! Groß und herrlich ist dein Name. Himmel und Erde sind Zeichen deiner Macht.*
- *Psalm 104,1: Ich will den Herrn von ganzem Herzen loben. Herr, mein Gott, wie groß bist du!*

Aktion: Kleine Papierblumen ausschneiden und darauf schreiben oder malen, für was wir Gott loben wollen (für die Tiere, den schönen Himmel, die Sonne ...). Oder: Aus Modelliermasse kleine Gegenstände formen und zwischen die Blumen legen.

SCHMECKEN UND SEHEN

An dieser Station werden verschiedene Leckereien angeboten (z. B. Weintrauben, kleine Brotstücke oder Süßigkeiten ...). Gott versorgt uns mit allem, was wir brauchen, und noch weit darüber hinaus. Dafür wollen wir dankbar sein.

Aktion: Jeder Teilnehmer darf aus Zeitschriften oder Katalogen ausschneiden und aufkleben, worin er Gottes Versorgung erlebt (z. B. mit Kleidung, Essen, Familie, Freunden ...).

GOTT HAT MICH GESCHAFFEN

An dieser Station geht es darum, dass Gott jeden Menschen einzigartig und besonders geschaffen hat. Wir können Bilder verteilen von Menschen ganz unterschiedlichen Alters, mit verschiedener Nationalität und Hautfarbe. Gott hat alle

Menschen geschaffen – auch mich und dich! Wir stellen einen oder mehrere Spiegel auf mit der Aufschrift: „Gott hat dich wunderbar gemacht!“

Aktion: Auf kleine Karten oder einem großen Plakat können die Teilnehmenden ihren Fingerabdruck mit Stempelfarbe drucken. Der Mitarbeiter an dieser Station spricht dabei jedem zu: „Du bist wunderbar gemacht!“ Oder er liest einen kleinen Abschnitt aus Psalm 139 vor.

KLAGESTATION

Hier geben wir den Teilnehmern die Möglichkeit, Gott ihre Sorgen und Klagen zu bringen und ihnen neue Zuversicht zuzusprechen: „Du brauchst das Schwere nicht allein zu tragen. Gott ist da, er hilft dir.“

Geeignet wäre zur Gestaltung beispielsweise ein Plakat mit dem Text des Gedichtes „Spuren im Sand“ von Margaret Fishback Powers[26]. Gott hat den Beter des Textes nicht alleingelassen, sondern hat ihn getragen.

Aktion: Steine in verschiedenen Größen verteilen, dazu z. B. folgenden Text (zum Selbstlesen oder Vorlesen): „Der Stein liegt schwer und kalt in deiner Hand. Manche Steine sind groß, manche sind eher klein. Sie sind ein Symbol für deine Sorgen. Manchmal ist unser Herz schwer. Wir machen uns Sorgen, haben Angst, fühlen uns einsam und traurig. Bei Gott dürfen wir alles ablegen. Er hat alle eingeladen, die Schweres auf ihrem Herzen tragen. Du brauchst das Schwere nicht allein zu tragen. Gott ist da.“ Die Teilnehmenden können ihren Stein einen Moment in der Hand halten und dann unter einem Kreuz ablegen.

Eine andere Möglichkeit: Die Teilnehmer schreiben oder malen ihre Sorgen auf einen Zettel, knüllen diesen zusammen und werfen ihn in einen Eimer, auf dem der Bibelvers aus 1. Petrus 5, 7 befestigt ist: „Alle eure Sorge werft auf Gott, denn er sorgt für euch.“ (Lutherübersetzung)

26 Das Gedicht ist als Poster oder Postkarte im Brunnen Verlag, Gießen, erschienen. Zu beziehen über den christlichen Buchhandel.

„WÜSTE“ ERLEBEN

An dieser Station wird eine kleine „Wüstenlandschaft“ (aus Sand und Steinen) aufgebaut. Wüste steht als Symbol für das Ausgetrocknete, das Karge und Öde in unserem Leben. In einer Wüste gibt es kaum Pflanzen; Menschen können hier auf Dauer nicht leben. Übertragen auf die Teilnehmer fragen wir: Wo erleben wir in unserem Leben eine „Wüste“? Wo brauchen wir Gottes Erfrischung?

Für Kinder ist dieser Gedanke vielleicht sehr abstrakt. Dennoch erleben auch sie Situationen, in denen Dinge festgefahren oder unveränderlich scheinen (Schwierigkeiten in der Schule, Streit mit Freunden ...). Da gilt auch für sie die Zusage Gottes: „In der Wüste brechen Quellen hervor, Bäche fließen durch die öde Steppe.“ (Jesaja 35,6)

Aktion: Symbolisch für einzelne Lebenssituationen können die Teilnehmenden Blumen oder schöne Steine in die Wüstenlandschaft legen.

SCHULD UND VERGEBUNG

Bei dieser Station geht es darum, dass die Teilnehmer ihr Herz bei Gott ausschütten können. Das kann eine Schuld, ein Fehler, ein Unterlassen oder ein falsches Verhalten gegenüber einem anderen Menschen sein, das bedrückt und belastet. Grundlage dazu ist der Bibelvers aus 1. Johannes 1,9: „Wenn wir aber unsere Sünden bekennen, dann erfüllt Gott seine Zusage treu und gerecht: Er wird unsere Sünden vergeben und uns von allem Bösen reinigen.“

„Gott ist Licht. Bei ihm gibt es keine Finsternis.“ (1. Johannes 1,5) Deshalb ist es gut und wichtig für uns, dass auch die unschönen Dinge bei Gott ins Licht gebracht werden. So kann er sie vergeben und wir dürfen befreit aufatmen.

Aktion: Da Jesus für alle Verfehlungen am Kreuz gestorben ist und alle Schuld getragen hat, bringen wir unsere Schuld zu seinem Kreuz. Die Teilnehmer können ihre Anliegen in diesem Zusammenhang auf Zettel aufschreiben (oder malen) und dann auf ein liegendes Holzkreuz annageln. Dazu passt der Bibelvers aus Kolosser 2,14: „Gott hat den Schuldschein, der uns mit seinen Forderungen so schwer belastete, eingelöst und auf ewig vernichtet, indem er ihn ans Kreuz nagelte."

Wenn genug Mitarbeiter zur Verfügung stehen, kann es auch ein Angebot der persönlichen Fürbitte geben. So kann jedem Teilnehmer direkt Gottes Zuspruch („Deine Schuld ist dir vergeben!") zugesagt werden.

FÜRBITTE

An dieser Station geht es um das Gebet für andere.

Aktion: Die Teilnehmenden können laut oder leise ihre Gebet sprechen und für den Menschen, für den sie beten, ein Teelicht anzünden. Jüngere Kinder brauchen dabei die Hilfe eines Erwachsenen.

GEBET FÜR DIE WELT

Hier hängen wir eine große Weltkarte auf. Daneben gibt es Informationen aus verschiedenen Ländern, die gerade besonders von Kriegen oder Naturkatastrophen betroffen sind.

Aktion: Die Teilnehmer beten laut oder leise für die betroffenen Länder und deren Einwohner und kleben dazu jeweils einen kleinen Pin oder einen kleinen Aufkleber auf das jeweilige Land auf der Weltkarte. So entsteht am Ende ein Überblick, für welche Länder und Menschen heute gebetet und um Gottes Eingreifen und Erbarmen gebeten wurde.

Nach einer festgelegten Zeit wird der „Gebetsgarten" mit einem Lied oder einem gemeinsamen Gebet (z. B. mit dem „Vaterunser") beendet.

5 | Geburtstage/Tauftage feiern

Ich habe bereits erwähnt, wie wichtig das Gleichgewicht zwischen Alltag und Feiern für das Leben der Kinder ist. Kinder brauchen zu ihrer Sicherheit feste Abläufe und wiederkehrende Dinge, auf die sie sich verlassen können. Ebenso brauchen sie aber auch die besonderen Tage: Feste und Höhepunkte, die das Vertraute unterbrechen und bereichern. Ein besonderer Tag für Kinder ist ihr Geburtstag. Deshalb möchte ich ihn hier aufführen und ein paar Gedankenanstöße geben.

Im Gegensatz zu vielen Erwachsenen sehnen Kinder in den meisten Fällen diesen Tag herbei und können ihn kaum erwarten. Natürlich muss man sich über viele praktische Dinge Gedanken machen: Gibt es eine Feier? Wer soll eingeladen werden? Was für ein Programm machen wir? Worüber freut sich das Geburtstagskind? Dazu gibt es inzwischen vielfältige gute Literatur und jede Familie hat im Laufe der Jahre vermutlich ihre Erfahrungen gesammelt. Deshalb möchte ich an dieser Stelle gerne auf eine andere Ebene eingehen.

Der Geburtstag ist eine gute Gelegenheit, Ihre liebevolle Wertschätzung gegenüber Ihrem Kind auszudrücken: „Du bist wunderbar gemacht!“ – „Wir danken Gott, dass du zu unserer Familie gehörst!“ – „Wir freuen uns, dass du schon so groß bist und dass Gott dir tolle Fähigkeiten gegeben hat.“ – „Wir wollen mit dir feiern, weil wir uns freuen, dass es dich gibt!“

An diesem Tag soll und darf das einzelne Kind im Mittelpunkt stehen, auch wenn das manchmal für die Geschwisterkinder schwer auszuhalten ist.

Unsere Wertschätzung zeigt sich in einer liebevollen Gestaltung des Geburtstages, aber auch, indem wir diese Worte laut aussprechen. Wie wir alle brauchen Kinder diese aufmunternden, wertschätzenden Sätze. Das Wissen, dass sie in einer positiven Umgebung geliebt und getragen werden, gibt den Kindern ein Polster für spätere Schwierigkeiten. Kinder, die in einem stabilen und liebevollen Umfeld aufwachsen, werden später mit manchen Widrigkeiten besser umgehen können, weil sie sich sicher und geborgen fühlen. Natürlich brauchen Kinder tagtäglich die Erfahrung einer wertschätzenden Umgebung. Dennoch ist der Geburtstag noch mal eine gute Gelegenheit, um dem besonderen Ausdruck zu verleihen.

Elemente können sein:

- *ein besonderes Ritual zum Wecken des Geburtstagskindes (der Rest der Familie kommt singend mit einer Kerze ins Zimmer, Frühstück im Bett ...)*
- *ein schön gedeckter Tisch mit Kerzen und Blumen und einem besonderen Frühstück*
- *besondere Ausnahmen (mit dem Auto/Fahrrad zum Kindergarten oder zur Schule gebracht oder abgeholt zu werden ...)*
- *eine Feier mit Freunden und/oder Verwandten organisieren (vielleicht gibt es auch „Überraschungsgäste", über die das Kind sich besonders freut)*
- *Geschenke (es muss nicht das neueste und teuerste Geschenk sein; Sie können auch „Zeit" für etwas Besonderes verschenken: einen Papa/Kind-Tag, ein Schwimmbadbesuch, ein Ausflug mit Picknick ...)*
- *kleine, kreative Überraschungen (z. B. einen Zettel in der Brotdose: „Wir haben dich lieb!")*
- *Gebet und Segen für das Kind: Das kann so aussehen, dass Sie Ihrem Kind die Hände auf Kopf und Schulter legen und beten: „Lieber Gott, wir danken dir für ... Danke, dass sie/er zu unserer Familie gehört, dass du sie/ihn wunderbar gemacht hast. Wir wollen um deinen Schutz im neuen Lebensjahr beten. Danke, dass du bei allen Veränderungen (Schuleintritt, Freund zieht weg ...) dabei bist. Wir bitten dich um deinen Segen. Amen."*

DEN TAUFTAG FEIERN

Für einige Familien sind neben dem Geburtstag der Tauftag (und die Erinnerung daran) des Kindes wichtig geworden. Gerade wenn das Kind als Säugling getauft wurde und sich selbst nicht mehr daran erinnern kann, ist es schön, wenn der Tauftag im Jahresablauf seinen Platz hat. Es ist eine gute Gelegenheit, sich an den Segen Gottes und den damaligen Zuspruch zu erinnern. Sie können gemeinsam Fotos der Taufe anschauen, den Taufvers nochmals lesen, die Taufkerze anzünden und sich an die Feier erinnern.

Je älter das Kind wird, desto mehr können Sie über die Bedeutung der Taufe sprechen.

Vielleicht helfen Ihnen dazu die folgenden Ausführungen:

Der Begriff „taufen" stammt von dem altdeutschen Wort „tief". Es bedeutet „in die Tiefe bringen; untertauchen". Die Taufe ist also wie ein Wasserbad, in dem der Mensch untergetaucht wird und laut dem biblischen Befund „von aller Schuld gereinigt" wird (Epheser 5,25-27). Jesus hat seine Jünger beauftragt, alle Menschen zu taufen, die an ihn glauben (Matthäus 28,18-20). Für Kinder ist der Gedanke des „Reingewaschenwerdens" gut nachvollziehbar, besonders, wenn man ihnen erklärt, dass bis zum 6. Jahrhundert bei der Taufe der ganze Mensch untergetaucht wurde, wie es bis heute in vielen freikirchlichen Gemeinden üblich ist. Aber auch in manchen Kirchengemeinden wird das in neuerer Zeit, z. B. an einem Fluss oder See, wieder praktiziert. Erst nach dem 6. Jahrhundert wird von Taufen mit wenig Wasser über einem Taufbecken, wie wir sie heute häufig in den großen Kirchen kennen, berichtet. Wenn wir den Gedanken der „Ursünde" (wie an anderer Stelle schon erklärt) dem Thema als Erklärung zugrunde legen, ist es für Kinder gut zu verstehen, dass die Taufe ein äußerliches Tun ist, um die Sünde von dem Menschen abzuwaschen. Vorher ist der Mensch von der Sünde „beschmutzt", nun ist er „rein und weiß" vor Gott. Da die Sünde alle Menschen, egal ob Baby oder alte Menschen, umfasst, braucht jeder diese Reinwaschung vor Gott.

Die Taufe umfasst noch andere Aspekte:

- *Der Getaufte tritt durch seine Taufe in die Gemeinschaft der Christen ein.*
- *In der Taufe wird Gottes Zuspruch dem Täufling gegenüber ausgesprochen: „Du bist mein geliebtes Kind und gehörst zu mir!“*
- *Gottes Schutz und Bewahrung werden bei der Taufe für den Täufling erbeten.*

Sicherlich ist an dieser Stelle kein Platz, um ausreichend das Für und Wider einer Kinder- oder Erwachsenentaufe zu diskutieren. Dazu ist das Thema zu umfangreich und bietet zu viele Spannungen, wie wir sie im Laufe der Kirchengeschichte beobachten konnten.

Dennoch ein paar kurze Gedanken dazu: In der Bibel war die Taufe meist direkt mit der „Bekehrung“ verbunden. Menschen erkannten, dass sie schuldig waren vor Gott und seine Vergebung brauchten. Sie wollten von nun an mit Gott ihren Lebensweg gehen und ließen sich taufen (z. B. Apostelgeschichte 8,26ff). An anderen Stellen wird deutlich, dass manchmal auch ganze Hausgemeinschaften getauft wurden (z. B. bei Lydia, Apostelgeschichte 16,15). Ausleger deuten es so, dass dort auch Kinder mitgetauft wurden, um zur Gemeinschaft der Christen zu gehören. So gab es in der Bibel vermutlich beides: die Kinder- und die Erwachsenentaufe. Um die Wissenslücke über den christlichen Glauben der getauften Kinder später zu schließen, wurde im 16. Jahrhundert im Zuge der Reformation die Konfirmation eingeführt.

Die evangelische Konfirmation geht auf den Reformator Martin Bucer zurück und ist erstmals 1539 in der hessischen Ziegenhainer Kirchenzuchtordnung formuliert. Martin Luther selbst hatte die Firmung wegen ihres Sakramentscharakters und fehlenden Schriftbezugs noch abgelehnt. Nach Luther bedurfte die Taufe keiner weiteren Ergänzung. Stattdessen sollte es eine Einführung in den Katechismus geben. Anstöße zur Entwicklung der evangelischen Konfirmation kamen letztlich durch die reformatorische Täuferbewegung, die die Taufe als persönliches Bekenntnis zum Glauben verstand (Gläubigentaufe) und die Kindertaufe als unbiblisch ablehnte. Martin Bucer entwickelte als Kompromiss das Modell der Konfirmation:

Die Kindertaufe wurde zwar beibehalten. Die Heranwachsenden aber sollten zu einem Katechismusunterricht geschickt werden, der in einer symbolischen Handlung vor der Gemeinde gipfelte. Dadurch könnten sie nachträglich ein „Ja“ zu ihrer Taufe sagen, so der Gedanke. Somit entsprach Bucer dem Anliegen der Täufer, ohne die Säuglingstaufe aufzugeben: Die Konfirmation war geboren.[27]

Insgesamt rate ich zu einem gelassenen Umgang mit dem Thema Taufe. Vielleicht ruft es Ihre Kritik hervor, aber ich glaube, dass man im Grunde nichts „falsch“ machen kann. Gottes Herz ist mit Sicherheit größer, als wir Menschen uns das manchmal vorstellen. Ich würde die Entscheidung immer von der jeweiligen Situation und der Gemeinde, zu der man gehört, abhängig machen. Und natürlich

27 Christian Prüfer, *Konfirmation: erst Kompromiss, heute Familienfeier.* In: Evangelische Zeitung, Hannover, vom 6. April 2014.

kommt es auf die eigene Situation an. Wenn ein Mensch in reiferen Jahren ein „Ja“ zu Gott findet und seinen Lebensweg unter Gottes Führung gehen will, dann ist die Taufe ein wichtiger äußerer Schritt auf diesem Weg. Ebenso kann es sein, dass eine christliche Familie ihre Kinder als Babys taufen lässt und sie bewusst im christlichen Glauben erzieht und prägt. Dann kann es ebenso gut und richtig sein. Ganz gleich, wie Sie sich als Familie bei diesem Thema entschieden haben oder sich noch entscheiden müssen: In jedem Fall ist es für das Kind schön und wertschätzend, wenn Sie seinen Tauftag jedes Jahr neu in den Fokus setzen. Mit älteren Kindern ist das eine gute Gelegenheit zum Gespräch: Wie geht es dir (jetzt) mit deiner Taufe? Fühlst du dich Gott nahe oder weiter weg? Was wünschst du dir im Blick auf deinen Glauben? Können wir dich irgendwie unterstützen?

Manchmal ist der Blick zur Taufe hilfreich, wenn Jugendliche die ersten Zweifel im Glauben bekommen. Wir können sie an ihre Taufe und Gottes Zusage über ihrem Leben erinnern. Das gilt, auch wenn sie sich vielleicht gerade von Gott entfernt fühlen. Deshalb kann für manche die bewusste Erinnerung hilfreich sein. Dazu brauchen die Kinder und Jugendlichen uns Eltern, Verwandte, Paten und Gemeindemitarbeiter als „Zeugen“ ihres Glaubensschrittes.

6 | Feste im Lebenslauf

Ich möchte Sie ermutigen, mit Ihrer Familie und auch in der Gemeinde die Übergänge von einer Lebensphase des Kindes in die nächste bewusst zu gestalten. Viele Gemeinden haben diesen Gedanken schon aufgegriffen, z. B. in Form von Schulanfangsgottesdiensten. Als Gemeinden, Kirchen und auch als Familie ist es wichtig, dass wir diese Übergänge im Leben der Kinder wahrnehmen und begleiten. Oft sind neue Schritte wie beispielsweise der Schuleintritt oder -übertritt mit vielen Unsicherheiten verbunden: Wie wird das werden in der Schule? Schaffe ich die Anforderungen? Finde ich Anschluss in der Klassengemeinschaft? Dann ist es gut und wichtig, dass wir den Kindern

Gottes Zusagen zusprechen, für sie beten und sie segnen. Diese Ebene finde ich sehr wichtig.

Es geht mir nicht darum, dass man aus einem Anlass wie der Einschulung einen großen Event macht. Zu der Zeit meiner Einschulung lief das alles völlig unspektakulär ab: Meine Mutter ging mit mir zur Schule; nachmittags gab es eine Schultüte und ein Foto im Garten. Dass sich der Vater extra einen Tag Urlaub nimmt oder die Verwandtschaft aus weiter Entfernung anreist, war damals undenkbar. Heute dagegen ist der Rummel fast schon zu groß – da gibt es große Geschenke und Restaurantbesuche und eine Schultüte reicht häufig nicht mehr aus. Wie in vielem braucht es auch hier ein gesundes Mittelmaß. Sicherlich kann man kritisch anmerken, dass in den 70er-Jahren, als ich eingeschult wurde, die Wertschätzung für das Kind nicht so groß war wie heute. Aber bekommt – andererseits – ein Kind heutzutage nicht schon fast zu viel Aufmerksamkeit? Und sind damit nicht auch zu hohe Erwartungen verbunden? Ich erinnere mich, dass ich sehr unbefangen und entspannt zur Schule ging. Heute beobachte ich aber leider, dass viele Kinder schon in der Grundschule unter großem Druck leiden, dass sehr hohe Erwartungen an sie (und zum Teil auch an die Eltern) gestellt werden. Natürlich wollen und sollen wir unsere Kinder begleiten, sie ermutigen, sie wertschätzen und sie möglichst gut auf ihren Lebensweg vorbereiten. Vielleicht ist es aber auch ab und zu an der Reihe, die Trends zu prüfen und zu überlegen, was man mitmachen möchte und bei welchen Themen man sich bewusst gegen den Trend entscheidet.

Wir fanden es von Anfang an wichtig, unseren Kindern zu vermitteln, dass die Schule ein Bereich ist, in dem Gott bei ihnen ist und sie begleitet. Je älter sie werden und je mehr Zeit sie in der Schule und dem damit verbundenen Freundeskreis verbringen, umso wichtiger wird uns als Eltern dieser Gedanke. Der Glaube an Gott kann die Kinder stark machen, auch mit den Schwierigkeiten, die ihnen mit Sicherheit begegnen werden, umzugehen.

Doch nicht nur die größeren Veränderungen im Leben der Kinder sollten Beachtung finden. Es ist wichtig, dass wir auch die kleinen Übergänge oder Abschnitte im Blick haben. Warum nicht ein kleines „Fest“ feiern, wenn das Kleinkind die ersten Schritte macht

oder später den ersten Wackelzahn verliert? Wir können diese Momente nutzen und Gott dafür danken: „Lieber Gott, danke, dass ... schon so ein großes Mädchen/großer Junge geworden ist. Amen."

Ein solcher Anlass rückt unsere Kinder in den Mittelpunkt, aber es bringt auch Gott, dem Schöpfer allen Lebens, den Dank. Später, wenn die Kinder älter werden, ist es schön, wenn wir auch die Abschnitte würdigen, die sie in der Schule geschafft haben. Bei einigen Familien gibt es beispielsweise am Schuljahresende vor den großen Ferien ein besonders leckeres Essen und eine Dankrunde, dass Gott im letzten Schuljahr geholfen und begleitet hat. Oder wenn ein sportlicher Wettkampf geschafft ist oder das schwierige Stück auf dem Instrument nach vielen Mühen endlich klappt, dürfen wir uns gemeinsam mit unseren Kindern darüber freuen, sie entsprechend loben und ermutigen und das Ganze mit einem Dankgebet verbinden. Sicherlich gibt es auch in Ihrer Familie besondere Ereignisse oder Erlebnisse, die Ihnen einfallen und die Sie gemeinsam mit Ihren Kindern vor Gott bringen können.

! Wir sollten diese kleinen und großen Momente nutzen und das Besondere daran mit unseren Kindern festhalten.

Wenn sie erwachsen sind, erinnern sie sich hoffentlich gerne an das eine oder andere Erlebnis aus ihrer Kindheit. Und wenn sie diese Erinnerung mit Gott in Verbindung bringen können, tragen sie einen kostbaren Schatz in ihrem Herzen.

Teil 4
Literaturtipps

Literaturtipps

Im Folgenden finden Sie einige Bücher und Materialien, die wir in unserer Familie und Gemeinde als hilfreich erlebt haben bzw. die mir von anderen Eltern und Mitarbeitenden empfohlen wurden. Diese Liste erhebt natürlich keinen Anspruch auf Vollständigkeit. In jeder christlichen Buchhandlung werden Sie eine noch größere Auswahl und eine gute Beratung finden.

FÜR ELTERN UND MITARBEITENDE

- Biesinger, Albert: *Das Kirchenjahr mit Kindern. Ein Begleiter für Eltern und Erzieher.* Verlag Herder, Freiburg, 2014.
- Biesinger, Albert: *Kinder nicht um Gott betrügen.* Verlag Herder, Freiburg, 2012.
- Bridger, Francis: *Wie Kinder glauben.* Bibellesebund/Oncken-Verlag, Kassel, 2003 (mittlerweile leider vergriffen und nur noch antiquarisch erhältlich).
- Filker, Claudia: *Unser Kind fragt nach Gott.* SCM R. Brockhaus, Witten, 2007.
- Herzsprung, Anita: *Kindergottesdienste für Winzlinge. Für Kinder von 2 bis 4 Jahren.* fontis Asaph Verlag, Lüdenscheid, 2006.
- Job, Michael: *Kinder im Glauben begleiten. Die Persönlichkeitsentwicklung von Kindern und ihre Begleitung in der Gemeinde.* Bibellesebund, Marienheide, 2010.
- Joiner, Reggie & Nieuwhof, Carey: *Gemeinsam Kinder stark machen.* Gerth Medien, Asslar, 2012.
- Jüntschke, Ilse & Hitzelberger, Peter & Gutekunst, Uli: *Mit Kindern durch die Passions- und Osterzeit. Geschichten, Gesprächs-Impulse, Spielideen und Lieder.* Verlag Junge Gemeinde, Leinfelden-Echterdingen, 2012.
- Kallauch, Anke: *Weiß Gott, wer ich bin? Das große Buch der Glaubensfragen.* SCM R. Brockhaus, Witten, Neuauflage 2017.
- Kallauch, Anke & Daniel: *Wenn Familien beten. Gemeinsam Zeit verbringen – Gott begegnen.* (Buch und CD). Volltreffer Vertrieb, Ostfildern, 2016.
- Kündig, Ruedi: *Kommt mein Hund in den Himmel? Und weitere 56 Kinderfragen zum Glauben.* Adonia-Verlag, CH-Brittnau, 2013.
- Mack, Cornelia & Drechsler, Katharina & Spaltenstein, Sonja: *Mit Kindern durch die Weihnachtszeit. Backen, basteln, singen, lesen.* SCM R. Brockhaus, Witten, 2015.
- Schünemann, Petra & Schüßler, Alexandra: *Krabbelkinder entdecken Gottes Welt.* Born-Verlag, Kassel, 2013 (mittlerweile leider vergriffen und nur noch antiquarisch erhältlich).
- Stone, Dave: *Wie Kinder glauben lernen. Zu Hause Glauben leben.* Christliche Verlagsgesellschaft, Dillenburg, 2013.
- Voigt, Elke: *Kommt denn da auch Shampoo rein? Kindern die Taufe erklären.* (Für Kin-

der von 5 bis 12 Jahren mit einem Informationsteil für Erwachsene.) Neukirchener Verlagsgesellschaft, Neukirchen-Vluyn, 2015.

- Weißenborn, Thomas: *Sag mal, was du glaubst! Mit Kindern über den christlichen Glauben sprechen*. Verlag der Francke-Buchhandlung, Marburg/Lahn, 2006 (mittlerweile leider vergriffen und nur noch antiquarisch erhältlich).
- Werner, Elke & Rath, Gideon: *Der Gebetsgarten. Das Vaterunser erleben*. Neukirchener Aussaat, Neukirchen-Vluyn, 1997 (mittlerweile leider vergriffen und nur noch antiquarisch erhältlich).
- Im SCM Bundes-Verlag, Witten, erscheinen regelmäßig Zeitschriften als Arbeitshilfen für Gemeindemitarbeiter:
  - *Kleine Leute, großer Gott* – Stundenentwürfe für 3 bis 6 Jahre.
  - *SevenEleven* – Material für den Kindergottesdienst 7 bis 11 Jahre.
- Rund um Reformation und Martin Luther:
  - Albers, Ulrike & Sauer, Johannes: *Martin Luther – Ein Mönch verändert die Welt* (Comic). Evangelisches Medienhaus, Stuttgart, 2016.
  - Bräuning, Heiko: *Martin Luther – Das Musical* (CD). cap!-music, Haiterbach-Beihingen, 2012.
  - *Martin Luther – Eine Arbeitsmappe für Kindergruppen und Gemeinden*. Als pdf-Datei erhältlich beim Bund Freier evang. Gemeinden, Witten (Download unter: www.kinder.feg.de, Stand Dezember 2016).
- Zu Erntedank:
  - Abeln, Reinhard & Krömer, Astrid: *Vom Erntedankfest den Kindern erzählt*. Butzon und Bercker, Kevelaer, 2014.
  - Fietz, Siegfried: *Erntedank* (CD), Abakus-Musik, Greifenstein, 2002.
  - Hebert, Esther & Rensmann, Gesa: *Erzähl mir was von Erntedank: Das kleine Sachbuch Religion für Kinder*. Don Bosco Medien GmbH, München, 2012.

- Wright, Sally Ann: *Die Bibel für Nesthäkchen*. Verlag der Francke-Buchhandlung, Marburg/Lahn, 2006.
  - Anschauliche Bibelgeschichten für Kinder ab 2 Jahren.
- de Kort, Kees: *Das große Bibel-Bilderbuch – Alle Geschichten aus der Reihe „Was uns die Bibel erzählt“*, Deutsche Bibelgesellschaft, Stuttgart, 2004.
  - Ein Klassiker unter den Kinderbibeln – geeignet für Kinder ab 3 Jahren. Die Geschichten sind auch einzeln als kleine Hefte erhältlich.
- Thomas, Marion & Ayres, Honor: *Die bunte Francke-Kinderbibel für die Kleinen*. Verlag der Francke-Buchhandlung, Marburg/Lahn, 2012.
  - Geeignet für Kinder ab 3 Jahren.
- Lloyd-Jones, Sally & Jago: *Die Gott-hat-dich-lieb-Bibel*. Gerth Medien, Asslar, 2009.
  - Geeignet ab 4 Jahren.
- de Vries, Anne: *Die Kinderbibel – Die Worte der Heiligen Schrift für Kinder erzählt*. Neukirchener Verlagsgesellschaft, Neukirchen-Vluyn, 1992.
  - Diese Kinderbibel zählt zu den bekanntesten deutschsprachigen Kinderbibeln. Für Kinder ab 4 Jahre.
- Jäckel, Karin & Holzmann, Angela: *Die Kinderbibel*. Verlag Ernst Kaufmann, Lahr, 2016.
  - Für Kinder ab 5 Jahre geeignet.
- zur Nieden, Eckhart & Schubert, Ingrid & Dieter: *Die Kinderbibel – Sonderausgabe*. SCM R. Brockhaus, Witten, 2016.
  - Zum Selbstlesen geeignet ab ca. 7 Jahren.

BÜCHER FÜR KINDER

Alter 2-4 Jahre:

- Abeln, Reinhard & Krömer, Astrid: *Mein erstes Bibel-Bilderbuch von Jesus.* Deutsche Bibelgesellschaft, Stuttgart, 2015.
- Die Serie von Lisa Bergren: *Geschenk des Himmels*, Verlag der Francke-Buchhandlung, Marburg/Lahn:
  - *Du bist ein Geschenk des Himmels*
  - *Der Himmel ist ein Geschenk des Himmels*
  - *Unsere Welt ist ein Geschenk des Himmels*
  - *Weihnachten ist ein Geschenk des Himmels*
  - *Ostern ist ein Geschenk des Himmels*
  - *Schlafen ist ein Geschenk des Himmels*
- Cüppers, Dorothea: *Mein Buch vom Heiligen Nikolaus.* Coppenrath Verlag, Münster, 2004.
- *Erkläre mir die Taufe* (Bilderbuch für 2- bis 4-Jährige). Coppenrath Verlag, Münster, 2014.
- Fearnley, Jan: *Ich freu mich so, dass es dich gibt!* Brunnen Verlag, Gießen, 2014.
- Die Serie von *Flo, das kleine Feuerwehrauto* – Hörspielgeschichten mit biblischem Bezug. Gerth Medien, Asslar.
- Gundlach, Martin & Dulleck, Nina: *Hier kommt Amelie.* SCM R. Brockhaus, Witten, 2008.
- Meier, Reinhold & Henze, Dagmar: *Allererste Bibelgeschichten.* arsEdition, München, 2015.
- Rock, Lois & Orlande, Lorenzo: *Entdecke Jesus und seine Zeit.* SCM R. Brockhaus, Witten, 2016.
- Schüer, Melanie & Klaassen, Lydia: *Mara und Timo entdecken die Bibel.* Oncken-Verlag, Kassel, 2014.
- Schütz, Andreas & Schulz, Kerstin: *Mein kleines Buch von der Kirche.* Coppenrath Verlag, Münster, 2010.
- Wissmann, Maria: *Meine allerliebsten Kindergebete.* Coppenrath Verlag, Münster, 2016.

Alter 3-6 Jahre:

- Butterworth, Nick & Inkpen, Mike: *Von Schafen, Perlen und Häusern*. SCM R. Brockhaus, Witten, 2016.
- Butterworth, Nick & Inkpen, Mike: *Wunderbare Welt*. SCM R. Brockhaus, Witten, 2015.
- Grün, Anselm & Ferri, Giuliano: *Die Ostergeschichte*. Verlag Herder, Freiburg, 2014.
- Jones, Stella & Pedler, Caroline: *Bella, Ben und das große Geschenk*. Brunnen Verlag, Gießen, 2016.
- Schneider, Antonie & Brockamp, Melanie: *Mein großes Bibel-Wimmelbuch*. Coppenrath Verlag, Münster, 2012.
- Vinje, Kari: *Pelle und der unsichtbare Freund*. Brunnen Verlag, Gießen, 2007.
- Waldmann-Brun, Sabine & Jeschke, Tanja: *Ich sehe was, was du nicht siehst – Mario fragt nach Gott*. fontis Brunnen, CH-Basel, 2015.

Alter 6-10 Jahre:

- Die Serie von Ursula Mack: *Nicht wie bei Räubers* – Buch und Hörspiel-CDs. D&D Medien, Grünkraut.
- Friedrich, Andrea & Rörig, Sonja: *Oskar und sein starker Freund*. fontis Brunnen, CH-Basel, 2008.
- Knop, Julia: *99 Fragen und Antworten rund um den Glauben*. Verlag Herder, Freiburg, 2014.
- Löffel-Schröder, Bärbel: *Werte für Kinder – Das große Entdeckerbuch: 222 Geschichten, Spiele und Mit-Mach-Spaß*. Gerth Medien, Asslar, 2013.
- Lucado, Max: *Lieber Gott, du bist echt cool. 365 Andachten*. Verlag der Francke-Buchhandlung, Marburg/Lahn, 2014.
- Strehler, Dave: *Eine Entdeckungsreise durch die Bibel*. Verlag der Francke-Buchhandlung, Marburg/Lahn, 2017.
- Tolstoi, Leo: *Ein großer Tag für Vater Martin*. Brunnen Verlag, Gießen, 2005.
- *Unsere zehn Gebote* (DVD). Katholisches Filmwerk, Frankfurt/Main, 2006.
- Die Serie von Harry Voß: *Der Schlunz* – Bücher, Hörspiel-CDs und DVDs. SCM R. Brockhaus, Witten.

WEITERE MATERIALIEN FÜR KINDER

- *Feiert Jesus! Kids*, verschiedene Lieder-CDs und Liederbuch. SCM Hänssler, Holzgerlingen.
- *Einfach spitze!*, verschiedene Lieder-CDs und Liederbuch. Gerth Medien, Asslar.
- Bibellesezeitschrift *Guter Start* (für Kinder ab 10 Jahren). Bibellesebund, Marienheide, erscheint vierteljährlich.
- Kinderzeitschrift *Kläx – Spielen. Glauben. Rätseln. Wissen* (für Kinder im Grundschulalter), SCM Bundes-Verlag, Witten, erscheint zehnmal im Jahr.

Nachwort und Dank

Ich sitze mit etwa 2.500 anderen Mitarbeitern, die sich in den verschiedensten Kirchen und Gemeinden für Kinder engagieren, in einer großen Halle in Hannover. Wir sind Teilnehmer beim Willow-Creek-Kinderkongress. Neben vielen guten Impulsen und Referaten läuft ein Video, in dem etliche Menschen einen Dank an alle Mitarbeiter im Kinderbereich aussprechen. Darunter sind viele bekannte Gemeindeleiter und Autoren geistlicher Bücher. In ihren Beiträgen danken sie allen, die Sonntag für Sonntag häufig auf den Erwachsenengottesdienst verzichten, um Zeit mit Kindern zu verbringen und ihnen von Gott zu erzählen, ihnen den Glauben lieb zu machen und sie für ein Leben mit Jesus zu begeistern.

Diese Worte berühren mich, denn sie kommen hinein in manches, was ich in der Arbeit mit Kindern (und auch in meinem Leben als Mutter) als mühsam erlebe. Ein Dank für ein Engagement, das nicht immer „Früchte" zeigt. Ein Einsatz, der mich ganz und gar fordert und herausfordert, der meine Zeit, meine Kraft und meine Liebe braucht. Alle Interviewten betonen, wie wichtig es ist, die nächste Generation zu prägen, und welch großen Auftrag Gottes wir Eltern und Gemeindemitarbeiter damit erfüllen. Am Ende dieses kurzen Videos stehen mir und anderen im Saal Tränen in den Augen.

Es tut mir gut, wenn jemand meinen Einsatz wahrnimmt und wertschätzt und ihn in den großen Kontext Gottes stellt. Wenn ich ehrlich bin, fehlt mir manchmal diese Sicht auf das Ganze und Große. Mir wird neu dieses Vorrecht bewusst, dass es ein großes Geschenk ist, an Gottes Auftrag beteiligt zu sein. Gott traut uns Menschen das zu und befähigt uns. Er möchte, dass wir in Beziehungen mit Kindern treten und sie in unsere persönliche Geschichte mit Gott mit hineinnehmen.

Kinder können nicht zum Glauben „erzogen" werden, aber wir als Erwachsene können ihnen einen Rahmen bieten, in dem Glauben entstehen kann. Mit diesem „Rahmen" meine ich nicht nur, Bibelwissen zu erlangen und ein frommes Vokabular zu erlernen, sondern echt und frei miteinander das Leben zu teilen. Fragen und Zweifel sollen ihren Platz haben, genauso wie Spaß und ein fröhliches Miteinander. Ich wünsche mir sehr, immer wieder den Blick Gottes auf jedes einzelne Kind zu haben, jedes Kind in seiner Besonderheit und Schönheit wahrzunehmen und wertzuschätzen und die besonderen Gaben und Fähigkeiten zu entdecken. Gott möchte eine persönliche Beziehung mit jedem Menschen. Auf diesem Weg dürfen wir als erwachsene Mitarbeiter, als Eltern, Großeltern und Paten für Kinder ein Wegbegleiter sein.

Manchmal brauchen wir Worte der Ermutigung von außen. Das gilt in besonderem Maße auch für uns Eltern. Was ist, wenn Kinder nicht glauben wollen oder können? Wenn sie der Gemeinde den Rücken kehren? Wenn alles, was wir investiert haben, scheinbar ohne Auswirkung bleibt? Wenn wir uns an manchen Stellen nicht nur gefordert, sondern oft genug überfordert fühlen?

Diese Fragen sind schmerzlich und es gibt darauf keine leichten Antworten. Auch wenn Kinder nicht glauben wollen oder können, dürfen wir im Vertrauen weitergehen und die Kinder weiterhin im Gebet begleiten und vor Gott bringen. Gott ist souverän und hat den Überblick. Und natürlich brauchen wir dann besonders Menschen, die mit uns auf dem Weg sind und für uns im Gebet eintreten. Möge Gott es schenken, dass wir uns immer wieder an die große Sicht, an Gottes Sicht auf Kinder erinnern lassen.

Ich hoffe, mein Buch hat Ihnen Mut gemacht, konkrete Hilfestellungen gegeben und Ihnen neu den Auftrag Gottes für Kinder vor Augen gemalt. Ich selbst bin weiter unterwegs, selbst Lernende, manchmal Staunende und manchmal Verzagte.

> Gut, dass wir einen Gott haben, der uns in all dem sieht und begleitet.

!

Es ist mein Wunsch und mein Gebet, dass wir uns immer wieder auf die Kinder einlassen, ihnen gut zuhören und ihnen liebevolle Begleiter auf dem Weg des Glaubens sind. Möge Gott seinen Segen dazu geben!

An dieser Stelle danke ich allen, die mich beim Schreiben unterstützt haben. Ich fühle mich unendlich beschenkt – beschenkt von einem Gott, der es unglaublich gut meint und der mir Menschen mit auf den Weg gibt, die mein Leben reich machen:

- *Ein großer Dank gilt meinem Mann und meinen Töchtern. Ich bin froh und dankbar, dass es euch gibt und dass wir gemeinsam als Familie unterwegs sein können. Danke für eure Liebe!*
- *Ein Dank an meine Gemeinde, den Christus-Treff Marburg. Es ist gut, ein Teil von euch zu sein.*
- *Danke dem Verlag der Francke-Buchhandlung für die gute Begleitung und die hilfreichen Rückmeldungen.*
- *Und natürlich danke ich Gott, von dessen Liebe und Zuwendung ich lebe, der mein Leben reich und bunt macht.*

Petra Schünemann

Weitere Buchtipps

Ross Campbell
Kinder sind wie ein Spiegel
Ein Handbuch für Eltern,
die ihre Kinder richtig lieben wollen
ISBN 978-3-86827-238-3
durchgehend farbig illustriert
144 Seiten, Paperback

Kinder reflektieren alles, was wir ihnen schenken. Und wenn wir ihnen viel Liebe schenken, entwickeln sie sich fröhlich und gesund. Allerdings reicht es nicht, Liebe nur zu predigen – sie muss konkret werden. Wie das funktionieren kann, zeigt Ihnen dieses „Praxisbuch Liebe".

Illustrierte und überarbeitete Neuauflage des beliebten Erziehungsratgebers.

Gary Chapman, Ross Campbell
Die 5 Sprachen der Liebe für Kinder
Wie Kinder Liebe ausdrücken und empfangen
ISBN 978-3-86827-437-0
durchgehend farbig illustriert
224 Seiten, Paperback

Ihre ganze Liebe gilt Ihren Kindern. Aber sind Sie sich sicher, dass Ihre Kinder das auch spüren? Denn – was versteht Ihr Kind überhaupt unter Liebe? Lernen Sie mit diesem Bestseller die Muttersprache der Liebe, die Ihr Kind spricht, und es wird die Geborgenheit erfahren, die es zu einem liebesfähigen Menschen heranwachsen lässt. Lernen Sie, es wirklich zu verstehen – weil ein gesundes Familienklima so wichtig ist!

Gary Chapman, Ross Campbell
Die 5 Sprachen der Liebe für Kinder kompakt
ISBN 978-3-86827-614-5
s/w-Illustrationen
57 Seiten, gebunden

Ihre ganze Liebe gilt Ihren Kindern. Aber sind Sie sich sicher, dass Ihre Kinder das auch spüren? Denn – was versteht Ihr Kind überhaupt unter Liebe?
Lernen Sie mit diesem Ratgeber die Muttersprache der Liebe, die Ihr Kind spricht. Lernen Sie, es wirklich zu verstehen – weil ein gesundes Familienklima so wichtig ist!
Für alle, die kompakte Informationen schätzen, wird jede der fünf Liebessprachen kurz vorgestellt und durch eine Fülle origineller Cartoons hundertprozentig unverwechselbar gemacht.

Gary Chapman, Arlene Pellicane
Kinderzimmer 2.0
Erziehung im digitalen Zeitalter
ISBN 978-3-86827-533-9
durchgehend farbig illustriert
278 Seiten, Paperback

Fernseher, DVD-Player, Computer, Tablet, Smartphone, Spielekonsole ... Die Schar der flimmernden „Erzieher“ unserer Kinder ist unüberschaubar. Wie gelingt es Eltern, Kinder im digitalen Zeitalter richtig zu begleiten?

Gary Chapman, Bestsellerautor und Familientherapeut, und Arlene Pellicane, Referentin und Mutter von drei Kindern, geben in diesem Ratgeber wertvolle Hinweise, wie Erziehung angesichts neuer Herausforderungen gelingen kann. Sie ermutigen dazu, Zeit in die Kinder zu investieren und Grenzen zu setzen, um sie zu selbstständigen, verantwortungsvollen Menschen zu erziehen.

Gary Chapman
Die fünf Sprachen der Liebe für Familien
ISBN 978-3-86827-255-0
400 Seiten, kartoniert

So wird Ihr Familienleben stabiler, ausgeglichener und herzlicher! Bestseller-Autor Gary Chapman hat mit seinen Büchern schon vielen Menschen weitergeholfen. Übersichtlich und lebensnah zeigt er, worauf es ankommt, wenn Familienleben gelingen soll:

- eine auf das Wohl aller bedachte Haltung der Eltern
- Nähe zwischen Mann und Frau
- den Willen der Eltern, Maßstäbe zu setzen
- Kinder, die den Anweisungen ihrer Eltern vertrauen und sie achten
- Männer, die Verantwortung für die Familie übernehmen.

Konkrete Beispiele und alltagsnahe Übungen garantieren, dass es nicht nur beim „Wissen wie" bleibt, sondern dass Sie die Empfehlungen auch umsetzen können. Viele Tests für Paare und Eltern geben Ihnen zusätzliche Sicherheit und zeigen, in welcher Richtung Sie weiterkommen.

Gary Chapman
Schlafräuber und Wonneproppen
Wie Kinder eine Ehe verändern
ISBN 978-3-86827-081-5
80 Seiten, gebunden

Nichts verändert eine Ehe so sehr wie die Geburt des ersten Kindes. Heiß ersehnt sorgt der Nachwuchs für viel Wirbel.
Irgendwann stellt sich jedoch die Frage: „Und wo bleibe ich mit meinen Bedürfnissen?“ Unzufriedenheit mit der neuen Situation kommt auf.
Damit die Beziehung der Partner trotzdem lebendig bleibt und sich keiner hintangestellt fühlt, hat Chapman diesen Ratgeber für frisch gebackene Eltern geschrieben. Er verrät, wie trotz Schlafentzug, Babygeschrei und kleinen Eifersüchteleien die Liebe zwischen den Partnern gedeiht.

Martina Kessler, Volker Kessler
Erziehung – Ein Abenteuer für die ganze Familie
ISBN 978-3-86827-475-2
144 Seiten, gebunden

Das jüngste Kind ist gerade 18, die ältesten Kinder werden selbst zum ersten Mal Eltern. Ein guter Zeitpunkt, die Erziehungsversuche Revue passieren zu lassen. Was lief gut? Was hat nicht geklappt? Was war typisch für uns? An dieser kritischen Rückschau beteiligen sich alle: Die Eltern und die vier Kinder. Dabei geben sie wertvolle Tipps, auch im Hinblick auf die religiöse Erziehung. Wie kann man als Eltern beispielsweise damit umgehen, wenn die Kinder plötzlich nicht mehr mit in den Gottesdienst wollen?

Charakteristisch für das Leben der Familie Kessler ist der Dreiklang: Suchen nach Wahrheit – handeln in Verantwortung – leben mit Humor.

In diesem Buch erfahren Sie unter anderem, warum am Esstisch alle Fragen erlaubt waren, warum die Kinder Blechschäden selbst zahlen mussten und wie jeder lernte, über sich selbst zu lachen.

Pat Holt, Grace Ketterman
Mama, warum schreist du so?
Hilfen für genervte Mütter
ISBN 978-3-86827-118-8
128 Seiten, kartoniert

Wenn die Phonzahl nicht mehr reicht: Schreien kostet Kraft und Nerven und hinterlässt meistens ungute Gefühle bei Angeschrienen und Schreiern. Warum fällt es so schwer, neue Verhaltensmuster zu entwickeln?
Die Autorinnen nehmen Müttern ihre Skepsis und Angst vor neuen Wegen, auf denen sie Aufmerksamkeit und Gehorsam ihrer Kinder erreichen können. Denn eine liebevolle Erziehung ist durchaus möglich, wenn sie von Konsequenz begleitet wird.
Dieser praktische Ratgeber hilft, Nerven zu schonen.

Aus dem Inhaltsverzeichnis:

1. Wenn Sie die Kontrolle verlieren
2. Gute Gründe zu schreien?
3. Negative Auswirkungen auf die Kinder
4. Nach dem Sturm
5. Änderung möglich?
6. Wie Sie die Kontrolle über sich und Ihr Leben gewinnen
7. Wie Sie Ihre Kinder auf rechte Weise lenken
8. Der Schlüssel zur Heilung

Dr. Kevin Leman
Die Rebellen bändigen
Mit Strategie in die Kindererziehung
ISBN 978-3-86827-552-0
304 Seiten, Paperback

Neuauflage unseres Erfolgstitels „Verwandeln Sie Ihr Kind in 5 Tagen“. In seiner humorvollen und ermutigenden Weise bietet Dr. Leman Hoffnung und praxisnahe, durchführbare Strategien an, mit denen Sie die Kontrolle wiedererlangen und zu den Eltern werden können, die Sie immer sein wollten.

Extrateil „Fragen Sie Dr. Leman“:
Wirkungsvolle Ratschläge für über 100 der heißesten Themen für Eltern: u.a. Geschwisterrivalität, Kampf um die Schlafenszeit, Lügen, streitsüchtiges Verhalten, freche Antworten und vieles mehr.